Mein Jahr mit den Füchsen

Meiner Frau Waltraud gewidmet

Günther Schumann

Mein Jahr mit den Füchsen

Ungewöhnliche Erlebnisse in freier Wildbahn

Mit einem Vorwort von
Erik Zimen

Wartberg Verlag

Alle Fotos Günther Schumann,
außer Seite 56 und Rücktitel oben
von Waltraud Schumann

Impressum

Druck: Bernecker, Melsungen
Buchbinderische Verarbeitung:
Fleischmann, Fulda

3505 Gudensberg-Gleichen,
Im Wiesental 1, Tel. 05603/4451
ISBN 3-925277-72-2

Vorwort

In den Büschen vor meinem Fenster herrscht Hochbetrieb. Jetzt im Winter lege ich, wie so viele andere auch, Körner für die Vögel aus, hänge Meisenknödel in die Äste, stelle gebündelten Hafer vor die große Fichte. Vom Schreiben habe ich so meine Ablenkung, erlebe das geschäftige Treiben mit. Kohl-, Blau- und Tannenmeise sind immer da und auch die Weidenmeise. Oder ist es die Sumpfmeise? Ich kann sie nicht immer unterscheiden. Da sind die Buchfinken natürlich, ein Kleiber ab und zu, ein Buntspecht, Dompfaffen und Grünlinge; das Übliche eben am Vogeltisch. Manchmal auch große Schwärme von Bergfinken aus Skandinavien, Kernbeißer und Seidenschwanz.

Huscht mal der Sperber vorbei, stieben die Vögel auseinander, verschwinden in Bruchteilen von Sekunden tief ins Geäst; eine oft geübte Fluchtstrategie. Wie der Sperber jemals einen von ihnen erwischen soll, ist mir unbegreiflich. Die Rupfungen im Wald hinter dem Haus zeigen aber, daß er manchmal doch erfolgreich ist.

Zu Beginn des Winters flohen die Vögel jedesmal ähnlich aufgeregt davon, wenn ich mit meiner Körnertüte zum Nachfüllen kam. Jetzt aber haben sie sich an mich gewöhnt und hüpfen gerade ins Geäst, um sofort zurück auf den Futtertisch zu fliegen, wenn ich wieder fort bin. Manchmal träume ich davon, mich einfach unter die Fütterung zu setzen, die Arme auszubreiten und zu warten. Erst langsam und zögernd, dann in immer größeren Schwärmen kommen die Vögel zurück, setzen sich auf meinen Kopf und meine Schulter, picken mir zart ins Ohr und fressen mir aus der Hand.

Der Mythos vom Heiligen Franziskus, der Traum vom Einklang zwischen Mensch und Tier; wer, zumindest unter den Lesern dieses Buches, kennt ihn nicht? Wer ist nicht in seiner Phantasie einmal wie Tarzan auf langen Lianen durch den Urwald zu seinen Freunden, den Schimpansen, geschwungen, wer nicht mit Mogli und seinem Wolfsrudel durch den Dschungel gezogen? Was hat uns als Kinder an den Geschichten mit Lassie, Furie, Flipper und all den anderen so fasziniert? Und warum stimmt uns heute die Geschichte von Günther Schumann und „seinen" Füchsen so froh und glücklich?

Häufig äußert sich die Sehnsucht nach diesem Einklang zwischen Mensch und Tier schon beim Kind durch den Wunsch nach einem Meerschweinchen etwa, durch die Hoffnung auf eine Katze oder manchmal sogar auf ein Pferd. Gerade Familien mit vielen Kindern haben oft als weiteres Mitglied ihres „Rudels" einen Hund. Und für manch einsamen alten Menschen ist das Haustier der noch letzte Freund; wie wichtig solch eine Beziehung zu einem kuscheligen, lustigen oder treuen Kumpanen für Kind, Familie oder das Alter sein kann.

Mehr als jede andere Mensch-Tierbeziehung aber, fasziniert uns die friedliche Begegnung mit dem Wildtier in seiner Welt. Ich werde nie vergessen, wie ich vor vielen Jahren zusammen mit zwei Freunden zu Pferd über die ostafrikanische Steppe unterwegs war. Von weither kam uns eine riesige Herde von Gnus entgegen. Die Tiere umrundeten uns seltsame Gestalten und zogen dann einen Tag lang mit uns zusammen über die Steppe; immer etwas auf Abstand, doch neugierig und verspielt. Es war wie ein Traum.

Heute trifft man an gleicher Stelle manchmal mehr Touristen als Tiere - so beliebt ist inzwischen die Begegnung mit der vor dem Menschen nicht flüchtenden Kreatur. Nach allem was wir heute über das Verhalten von Wildtieren wissen, scheint bei ihnen in der Tat Menschen gegenüber keine angeborene Fluchtreaktion vorzuliegen, wie es dagegen z.B. bei vielen Vogelarten vor einer Raubvogelattrappe der Fall ist. Erst mit negativer Erfahrung bilden sich in Tierpopulationen traditionelle Fluchtformen Menschen gegenüber aus, die die Jungtiere schnell übernehmen. So hat mein Freund Dave Mech auf Ellesmere Island im nördlichsten Kanada zeigen können, daß sogar Wölfe ohne vorherige Erfahrung mit Menschen völlig zutraulich sind. Erstaunlich, denn, besonders intensiv über Jahrtausende verfolgt, gehören sie sonst zu den wohl scheuesten Tierarten überhaupt.

Zu den bei uns besonders stark verfolgten Arten gehört der Fuchs. Nach der Ausrottung von Wolf, Bär und Luchs ist er - gerade fünf bis zehn Kilogramm schwer - neben dem Dachs inzwischen das größte Raubtier in unserer Landschaft. Der Dachs lebt meist nur von Regenwürmern und Insekten, der Fuchs jedoch, außer von Mäusen, auch mal von einem zu langsamen Hasen oder vom Gelege einer Fasanenhenne. Das macht ihn beim Jäger nicht gerade beliebt. Nahrungskonkurrenz nennt man das in der Ökologie.

Der Mensch ist in dieser Hinsicht besonders rigoros. Mit vermeintlicher Tollwutbekämpfung kaschiert, gönnt das sonst so auf Waidgerechtigkeit bedachte deutsche Jagdgesetz unter allen jagdbaren Tierarten als einzigem dem Fuchs keine Schonzeit. Ein Fall puren Beuteneids. So mußten wir bei unseren Untersuchungen über Fuchspopulationen im Saarland feststellen, daß in den Monaten Mai und Juni die Mehrzahl aller erlegten Füchse säugende Fähen waren, während ansonsten eher die Rüden dem Jäger vor die Flinte liefen. Im Frühjahr müssen die Fähen für ihre Jungen besonders viel Futter herbeischleppen und wagen sich dann sogar bei Tageslicht auf die Felder. Der Jäger, eher unbedacht als gemein, läßt sich diese Chance nicht entgehen. Während er aber nur selten daran denkt, hinterher auch die Jungen am Bau zu erlegen, sollte er diesen überhaupt kennen, schauderts ihm bei dem Gedanken, gleiches könne einer säugenden Rehgeis passieren, wodurch ihre Kitze langsam verhungern müßten. Waidgerechtigkeit nur gegenüber dem „Nützling"; für den „Schädling" gilt sie nicht. Doppelte Moral nennt man das in der Ethik.

Doch trotz aller Verfolgung lebt der Fuchs wie kein anderes Säugetier flächendeckend in allen Lebensräumen Deutschlands: vom Hochgebirge bis zur Meeresküste, tief im Wald, wie in der Agrarsteppe, abseits vom Menschen, wie inzwischen auch inmitten unserer Städte. Mit die höchste Fuchsdichte überhaupt stellten wir an der Ruhr zwischen Duisburg und Oberhausen fest, bekanntlich eine nicht gerade ländliche Gegend.

Eine Voraussetzung für diese Anpassungsleistung ist die Fähigkeit des Fuchses, Menschen nach ihrer Gefährlichkeit genau unterscheiden zu können. Einmal beobachtete ich einen Fuchs, der nahe bei Saarbrücken in der Dämmerung am Waldrand entlangschnürte. Spaziergänger auf dem Wanderweg schienen ihn in keiner Weise zu stören. Sie haben ihn auch nicht gesehen, obwohl er in ihrer unmittelbaren Nähe ein paarmal nach Mäusen sprang und schließlich erfolgreich, seine Beute neben ihnen seelenruhig auffraß. Als er dann aber Minuten später abseits des Weges im Wald nur auf die nicht einmal frische Spur eines Menschen stieß, machte er einen Riesensatz und war im Nu im Dickicht verschwunden.

Ein anderer Fuchs, eine Fähe, zog ihre Welpen keine fünf Meter von der Bushaltestelle der Universität auf. Tausende von Menschen gingen täglich an ihrem Bau lärmend vorbei. Nur eine Hecke schützte vor Einsicht. Die Welpen spielten als wären sie ungestört mitten im Wald und die Fähe lag dabei in der Sonne und kümmerte sich ebensowenig um all das Treiben direkt nebenan.

Auch mir und meinen Mitarbeitern gegenüber wurden die Füchse mit der Zeit immer zutraulicher. Zuerst beobachteten wir sie mit aufwendigen Nachtsichtgeräten im auch für Füchse unsichtbaren Infrarotlicht. Doch bald konnten wir sie direkt mit unseren normalen Scheinwerfern anleuchten, ohne daß sie davonliefen. Jeder Fuchs hatte einen Radiosender um den Hals, wir auf dem Auto oder, wenn der Fuchs durch unwegsames Gelände lief und wir zu Fuß hinterher mußten, in der Hand eine Richtantenne mit Empfänger. So konnten wir die Tiere auf ihren Wanderungen die ganze Nacht lang verfolgen und tagsüber feststellen in welcher Dickung oder in welchem Bau sie sich vor den Menschen geschützt ausruhten. Hightech in der Wildbiologie.

Trotzdem, ein Fehltritt, ein zu frühes Aussteigen aus dem Geländefahrzeug, eine unvorhersehbare Begegnung und die Füchse waren blitzschnell verschwunden, die Beobachtungen einer ganzen Nacht womöglich dahin. Wie sehr haben wir uns daher nicht gewünscht, Füchse auf ihren Wanderungen folgen, sie bei der Jagd und beim Umgang mit anderen Füchsen beobachten, bei ihren Jungen bleiben zu können, ohne daß sie uns, trotz aller Gewöhnung, letztendlich aber doch wie Feinde gemieden hätten. Ein Wunsch, der uns unerfüllbar erschien. Zu unnahbar kamen uns die Füchse vor, zu reserviert in ihrer privaten Sphäre, zu vorsichtig sogar dem harmlosesten Menschen gegenüber.

Deshalb sei er aber auch so erfolgreich, schlossen wir aus unseren Beobachtungen; der Fuchs, der neben, von und durch aber nicht mit uns Menschen lebt, zugleich abhängig wie unabhängig ist, durch den Menschen in allen seinen Aktivitäten beeinflußt und am Ende doch ein freier Gesell.

Doch nun scheint es, habe auch er seinen Preis. Mit dem simpelsten aller Tricks dieser Welt zeigt uns Günther Schumann, daß es doch möglich ist, dem Fuchs sogar bis in die Wohnstube zu folgen und zwar nicht mit allerlei technischer Raffinesse heimlich und versteckt, sondern ganz offen und wie selbstverständlich; die wohl schönste Einladung des Jahres!

Welche Beobachtungen dann und welche Bilder! Ähnlich familiär intim hat noch niemand den Fuchs in freier Wildbahn beobachten können. Besonders interessant finde ich, wie der Rüde sich allmählich seiner Familie annimmt und wie diese sich am Ende des Sommers langsam auflöst. Zumindest die jungen Rüden gehen dann eigene Wege, während mindestens eine Tochter bei der Mutter bleibt. Vielleicht wird sie sich in diesem Frühjahr an der Aufzucht ihrer, um ein Jahr jüngeren Geschwister beteiligen, bevor sie im nächsten dann selbst eigene Welpen bekommt. Wer weiß? Ich hoffe, Günther Schumann wird uns noch viel zu berichten haben.

Glückliche Umstände hat diese ungewöhnliche Beziehung zwischen Mensch und Tier möglich gemacht. War es Zufall oder hat Günther Schumann von Anfang an geahnt, daß nur Füchse tief im Wald über Jahre hinweg stabile soziale Verhältnisse aufrecht halten können? Hier bleiben sie viel eher den Verfolgungen des Jägers verschont, denn bei Reh und Hirsch können sie kaum „Schaden" anrichten. Ihre Versteckmöglichkeiten sind zudem schier unerschöpflich. Draußen in den Feldrevieren hingegen, wo der Jäger die wenigen geeigneten Bau- und Versteckmöglichkeiten eher kennt, wird der Fuchs wegen Fasan und Hase intensiv „bekämpft": in Fallen gefangen, am Bau oder auf dem Bockansitz geschossen, auf Treibjagden gehetzt und erlegt.

Die Folge ist hier eine ständige Umschichtung der sozialen Verhältnisse. Die Füchse haben kaum feste Reviere und keine festen Paarbindungen. Jede läufige Fähe findet ihren eher zufälligen Partner, der, einmal erfolgreich, gleich weiterzieht, um bei der nächsten sein Glück zu versuchen. Die Zahl der Welpen pro Wurf ist in diesen Revieren in der Regel auch größer, als bei den Waldfüchsen, die Wanderungen der Jungfüchse länger, die Aggressivität höher - wie auch die Sterberate natürlich. Doch der vakant gewordene Platz im Reviersystem der Füchse wird bald wieder neu besetzt.

So üben die bevorzugten Feldreviere einen ständigen Sog auf die Fuchspopulation aus. Je stärker die Füchse hier bejagt werden, umso größer ist Zuwachs und Einwanderung. Eine dauerhafte Reduktion des Fuchsbestandes in solchen Revieren wird durch die nur hier verstärkte Jagd meist nicht erreicht. Ja mehr noch: durch die ständigen territorialen und sozialen Auseinandersetzungen unter den Füchsen in Folge des hohen Jagddrucks, erhöht sich unter ihnen die Ansteckungsgefahr insbesondere der Tollwut. Damit trägt die heutige Form der Fuchsjagd eher zur Ausbreitung der Seuche als zu ihrer Eindämmung bei.

Das war nicht immer so. Viele der Forstbeamten und der Berufsjäger früherer Zeiten mußten ihr mageres Gehalt durch den Verkauf erbeuteter Raubtierfelle aufbessern. Entsprechend intensiv wurden daher Fuchs, Marder und Iltis überall, auch tief im Wald nachgestellt. Heute jedoch erfolgt die Zahlung tarifgemäß per Banküberweisung und für die Raubtierbekämpfung haben die Beamten weder Sinn noch Zeit. So sind vor allem die großen Waldgebiete Deutschlands inzwischen zu einer Insel der Ruhe und damit zu einem Reservoir für Füchse geworden, von denen die Feldreviere ihren Nachschub in Form junger Auswanderer immer wieder neu beziehen.

Die alten Füchse aber bleiben im Wald und verhalten sich, wie es uns Günther Schumann mit seinen schönen Bildern und Beobachtungen schildert, familiär und fürsorglich. Den Forstbeamten und Jägern, die Günther Schumann zuliebe auf die Fuchsjagd im Reinhardswald verzichten, sei in diesem Zusammenhang unser aller Dank ausgesprochen.

Erik Zimen
Obergaiching, im Februar 1992

Zur Einleitung

Schon seit Jahrhunderten ist Reinecke, der Fuchs, wohl die Hauptperson unter den Tieren, mit der sich Volksmund, Märchen, Fabel und Dichtung immer wieder beschäftigen.

Neben durchtriebener Schläue, wurden und werden ihm List, Gerissenheit und sogar Verschlagenheit nachgesagt bzw. angedichtet, einmal ist er der Bösewicht und ein anderesmal der Held.

In der Fabel von Äsop fordert der alt gewordene Löwe den Fuchs auf, in seine Höhle einzutreten, „mich aufzuheitern, Süßer, da der Tod sich naht." Der höfliche Fuchs wünscht jedoch gute Besserung und bittet um Verzeihung, da er in Eile sei: denn viele Tierspuren sagt er, führen in die Höhle hinein, aber keine heraus.

Unzählige Redewendungen und Sprichwörter mit denen der Fuchs selbst oder seine Eigenarten bedac ht wurden, sind tief im Volksglauben verwurzelt.

Eine ganze Anzahl der dem Fuchs nachgesagten Eigenheiten wurden ebenso auf Menschen übertragen, wie beispielsweise „ein schlauer Fuchs", „ein alter Fuchs" für einen bejahrten, also erfahrenen Mensch, „ein arger Fuchs" für einen eher durchtriebenen Mensch.

Eines der vielen Sprichwörter lautet: „Wer den Fuchs fangen will, darf kein Schaf hinter das Netz stellen." Es deutet an, daß derjenige, der seiner habhaft werden will, schon mit „allen Wassern gewaschen" sein muß. Folgerung der vielfach gepriesenen Fähigkeit des Fuchses, sich häufig genug aus den ausweglosesten Gefahrensituationen retten zu können.

Wer hat sich als Kind nicht schon den einsamen, entlegenen Ort: „Wo sich Fuchs und Hase Gute Nacht sagen" in seiner Phantasie als heimlichen oder gar unheimlichen Waldwinkel vorgestellt.

Oder schauten wir nicht fast respektvoll in die nach einem Regentag dampfenden Waldesgründe, weil wir wußten, daß sich dort die Füchse ihren Kaffee kochten.

Bewußt oder unbewußt, vieles davon hat sich verinnerlicht.

Die intensive Beschäftigung mit der einheimischen Tierwelt bietet immer wieder neue Erlebnisse und hält, die Lebensweise und das Verhalten der Tiere betreffend, auch jederzeit neue Überraschungen bereit.

Unter all meinen Tierbeobachtungen gehören jene am Fuchsbau zu den schönsten und eindrucksvollsten.

Um erneut das Verhalten von Jungfüchsen zu studieren und ihrem lebhaften Spiel zuzuschauen, versuchte ich seit mehreren Jahren vergeblich, einen geeigneten Bau zu finden.

Aber es war wie verhext, alle mir bekannten Baue waren entweder unbewohnt oder ungeeignet für eine behutsame, störungsfreie Beobachtung.

Doch eines Tages brachte mir die unverhoffte Begegnung mit einem Jungfuchs wieder einmal die Möglichkeit, meinen Wunsch in die Tat umzusetzen. Doch, was ich zu diesem Zeitpunkt noch nicht erahnte, es wurden nicht nur kurzzeitige Beobachtungen sorglos spielender Füchslein, sondern umfassende Langzeitbeziehungen mit einer kompletten Fuchsfamilie.

Als ich bei der Entwicklung dieser vertrauensvollen Beziehung hoffte, dieselbe möglichst auf einen längeren Zeitraum ausdehnen zu können, dachte ich insgeheim an die Dauer von etwa einem Jahr. Andererseits war ich mir natürlich auch bewußt, wie vermessen solche Gedanken waren.

Dieser Zeitraum ist mittlerweile mit über 20 Monaten längst überschritten.

Suchte ich zu Anfang nur den Kontakt zu Jungfüchsen, so gelang es mir jedoch im Verlauf der Zeit mit sehr viel Geduld, auch zu Altfüchsen in freier Wildbahn ein enges Vertrauensverhältnis aufzubauen. Dieses hatte ich zunächst nicht für möglich gehalten und es widerspricht auch allen gängigen Erfahrungen.

Ausschlaggebend für das tiefe Vertrauen, das diese Tiere mir gegenüber zeigen, ist neben der mit viel Zeitaufwand betriebenen täglichen Beziehungsaufnahme - verbunden mit der Darreichung kleiner Leckerbissen - auch sicherlich das eigene Verhalten.

Eine entsprechende Sensibilisierung gegenüber der Tierwelt und der Natur im allgemeinen dürfte eine weitere wichtige Voraussetzung gewesen sein.

An dieser Stelle möchte ich den Forstleuten, in deren Forstamt/Revier diese umfangreichen Beobachtungen an und mit Füchsen möglich waren, für ihre Aufgeschlossenheit, ihre stete und diskrete Anteilnahme sowie ihre verständnisvolle und weitgehende Unterstützung herzlich danken.

Dem Wartberg Verlag, insbesondere dem Verleger Peter Wieden danke ich für die angenehme, flexible, sachliche wie sachdienliche Zusammenarbeit bei der Herstellung sowie für die ansprechende Ausstattung des vorliegenden Bandes.

Darüberhinaus gilt mein ganz besonderer Dank meiner Ehefrau Waltraud, die nicht nur viel Verständnis aufbrachte, sondern mit großem Interesse alle meine entsprechenden Aktivitäten tatkräftig und mit viel Freude unterstützte.

Für fotografisch interessierte Leser sei festgehalten, daß alle Fotos dieses Buches in freier Wildbahn mit MINOLTA X 700 - Kameras aufgenommen wurden. Folgende Objektive kamen je nach Zweckmäßigkeit zum Einsatz: MINOLTA MD 2,8/55, MINOLTA MD ZOOM 3,5/35-70, VIVITAR Serie 1 3,5/70-210, NOVOFLEX mit LEITZ TELYT 6,8/560. Um nach Möglichkeit die unterschiedlichsten Lichtverhältnisse ausnutzen zu können, verwendete ich folgendes Filmmaterial: Agfachrom 100, Fujichrom 50 D, Fujichrom 100, Kodachrom 64 und Kodachrom 200.

Günther Schumann
Reinhardshagen, im Februar 1992

Auf einem Spaziergang sah ich sie zum ersten Mal. Die kleine Füchsin genießt die Aussicht von einem Holzpolter, den sie mit Mutter und Bruder bewohnt

Wir begegneten uns erstmalig an einem warmen Vormittag im Mai in einem großen nordhessischen Waldgebiet. Längsseits des Waldweges, den ich entlang wanderte, lagerten mehrere sogenannte Holzpolter. Diese Polter aus je etwa 30 bis 40 starken Fichtenstämmen wurden auf einigen querliegenden Stammrollen zum späteren Abtransport abgelegt.

Ich befand mich noch etwa 100 Meter vor dem Holzlager, als ein Jungfuchs über den Weg lief und blitzschnell unter den Stämmen verschwand. Vorsichtig näherte ich mich noch ein wenig und wartete ab was weiter geschehen würde, denn ich war mir ziemlich sicher, daß der kleine Bursche nach einer Weile wieder erscheinen würde. Das geschah etwa nach einem Viertelstündchen, nur waren es plötzlich zwei dieser possierlichen Jungfüchse. Sie spielten eine Zeitlang recht unbekümmert miteinander. Ich schätzte sie auf ein Alter von etwa 7 bis 8 Wochen.

Nach kurzer Zeit verschwand einer wieder unter dem Berg der Baumstämme, während sich sein Geschwisterchen vor den Stämmen in die Sonne legte und ein Schläfchen machte. Ich mochte es nicht stören und wartete noch eine längere Zeitspanne,

Während die Jungen ausgelassen tobten, war die Mutter häufig unterwegs um Nahrung heranzuschaffen

bis sich der kleine Schläfer aufrappelte und ebenfalls unter den Stämmen verschwand.

Bedingt durch die Stärke der Auflagerollen waren unter dem Polter einerseits genügend Freiraum und andererseits ausreichend Versteckmöglichkeiten für die Füchse vorhanden. Auch zwischen den Stämmen war hinreichend Raum, um den Jungfüchsen als Ruhe- und Spielplatz und auch als Versteck zu dienen. Also wohl ein idealer „Fuchsbau".

In den nächsten Tagen besuchte ich öfters diesen „Bau". Ich richtete mir ein Versteck hinter einigen Jungfichten am gegenüberliegenden Dickungsrand ein, um von hier aus die Füchse zu beobachten und nach Möglichkeit auch zu fotografieren.

Die Beobachtung spielender Jungfüchse zählt immer wieder zu den besonders reizvollen Naturerlebnissen. Wenn man genügend Zeit und Geduld mitbringt und alle Vorsichtsmaßregeln beachtet, lassen sich Jungfüchse häufig am hellen Tag beobachten.

Auch im sich anschließenden Zeitraum stellte ich außer den Zweien keine weiteren Jungfüchse fest. Ein Wurf aus nur zwei Welpen bestehend ist relativ selten. Möglicherweise hatte die Füchsin ihre Jungen unter den lagernden Fichtenstämmen zur Welt gebracht. Tatsächlich fand ich im Spätsommer, nachdem die Stämme abtransportiert waren, eine ausgeprägte Lagerstatt, die auch als Wurfmulde gedient haben könnte.

Der regenreiche, naßkalte April mag eine Ursache für das Vorhandensein von nur

Der kleine Rüde war ein richtiger Draufgänger. Seine Schwester stand hingegen auch schon einmal ganz verträumt am Holzpolter

zwei Jungfüchsen gewesen sein. Der Holzpolter bot gegenüber der Nässe und den vergleichsweise niedrigen Temperaturen dann wohl doch längst nicht den Schutz wie ein Erdbau.

Zu Anfang meiner Beobachtungen ruhten die beiden Welpen häufig vor den Baumstämmen im Sonnenschein, denn der Mai war im Gegensatz zum April recht sonnig und warm. Im Laufe der Zeit wurden sie immer lebhafter und neugieriger. Oft spielten sie um die am Boden liegenden Stammrollen herum Verstecken oder stellten sich mit den Vorderbeinen auf die Rollen, um darüber hinweg zu schauen. Alsbald turnten sie auch schon auf die zuoberst liegenden Stämme des Polters hinauf. In ihren Aktivitäten waren die Beiden recht unterschiedlich und ich mutmaßte, daß es sich um einen kleinen Rüden und seine Schwester handelte.

Der Rüde war etwas stärker und gedrungener als sein zierliches Schwesterlein. Aber nicht nur im äußeren Erscheinungsbild, sondern auch im Verhalten war ein deutlicher Unterschied zu beobachten. Der kleine Rüde war wesentlich neugieriger und spielte bei den Kletterpartien stets die Vorreiterrolle, während sich seine Schwester bei allen Aktivitäten mehr zurückhielt. Doch nach einiger Zeit des Zögerns und Zuschauens folgte sie dann oft dem Beispiel ihres Bruders.

Das Interesse der beiden Füchse an allen Dingen der Umgebung war groß. So wurden durch Beschnuppern und Betasten Baumstubben ebenso untersucht wie am Boden liegende Ästchen, Blätter oder Rindenstücke, dabei letztere häufig genug auch mit dem Zähnen.

Besonders amüsant war anzusehen, wenn sie tollpatschig versuchten, Fliegen, Käfer oder Schmetterlinge zu erhaschen. In den beobachteten Fällen hatten sie jedoch immer das Nachsehen und schauten dann etwas dumm hinterher. Sogar Löwenzahnblüten wurden angeschlichen und mit „elegantem" Sprung zu fangen versucht.

Ab und zu ließ sich auch mal kurzzeitig die Mutter blicken. Sie war jetzt tagsüber die meiste Zeit auf den Beinen, um genügend Nahrung für die beiden Sprößlinge herbeizuschaffen. Aber nie konnte ich die Beuteübergabe an die Jungen beobachten, das geschah wohl überwiegend unter den Baumstämmen, oder - für mich ebenfalls verborgen - dahinter. Mehrmals sah ich sie, soweit erkennbar mit gefangenen Mäusen, sich von der gegenüberliegenden Waldseite dem Holzpolter nähern. Manchmal turnte sie aber auch leichtfüßig und behende hoch oben über die Stämme hinweg.

Wegen der starken Inanspruchnahme durch ihre Jungen war die Mutter zu dieser Zeit sehr abgemagert und struppig. Das wurde besonders augenfällig durch den gleichzeitig stattfindenden Haarwechsel vom Winter- zum Sommerfell.

Zweimal geschah es, daß die Fähe trotz größter Vorsicht meinerseits irgendwie Argwohn schöpfte. Dann verschwand sie mit warnendem Bellen in der angrenzenden Fichtendickung. Beide Welpen flüchteten daraufhin blitzschnell unter die Stämme, um nach etwa 10 bis 15 Minuten neugierig und noch etwas vorsichtig wieder hervorzukommen. Da nichts Verdächtiges zu erkennen war, beruhigten sie sich schnell wieder. Jedoch war auch hier festzustellen, daß fast immer der kleine vorwitzige Rüde als erster wieder auf dem Schauplatz erschien.

Daraufhin brachte ich sehr oft kleine Leckerbissen mit. Mal ein paar Bröckchen Hartkäse, Wurst oder kleine Kügelchen ungewürztes Mett, überwiegend aber die im Handel erhältliche gepreßte Fertignahrung für Hunde bzw. Katzen. Es waren immer nur Miniportionen bleiben, denn sie sollten ja Wildtiere bleiben und durften nicht von der verabreichten Nahrung abhängig werden. Ich wollte bewußt keine umfassende Fütterung aus dieser Aktion machen. Außerdem wurden sie in diesem mäusereichen Frühjahr auch ausreichend von ihrer Mutter versorgt.

Da ich die Bissen immer am gleichen Ort auslegte, konnte ich nach ein paar Tagen

Feline war nun schon ein stattliches Fuchsfräulein. Eines Tages stand sie plötzlich am Dickungsrand. Sie mußte mich bereits seit einiger Zeit beobachtet haben. Zweifellos war nun ich der Überraschte

Eines Tages machte ich in meinem Versteck gegenüber dem Holzpolter - die beiden Füchse waren schon längere Zeit nicht anwesend - eine kleine Frühstückspause. Als ich noch einige Kekse in meinem Rucksack fand, kam mir ganz spontan der Einfall, ein paar Bröckchen den Füchsen anzubieten, um deren Reaktion darauf zu beobachten. Gedacht, getan; schnell und so vorsichtig wie möglich begab ich mich zu den Stämmen, und legte die Bröckchen am bevorzugten Aufenthaltsplatz der Beiden auf einer der unteren Stammrollen ab. Was würde geschehen, würden die Kleinen überhaupt die angebotene Liebesgabe annehmen?

Es dauerte etwa eine Stunde, bis sie sich fast gleichzeitig wieder blicken ließen. Nur wenige Augenblicke darauf nahmen ihre feinen Näschen die Witterung auf, sie fanden die Keksstückchen auch sogleich und verzehrten sie im Handumdrehen. Das geschah ohne jegliches Zögern, so als wäre das eine tägliche Selbstverständlichkeit.

mit Vergnügen beobachten, daß die Füchslein sich das hervorragend gemerkt hatten. Bei ihrem Erscheinen suchten sie diese Stelle gezielt auf, um nachzuschauen, ob dort eventuell schon wieder einige Bissen deponiert waren. Es fiel mir tatsächlich oft schwer, nicht größere Portionen auszulegen, besonders wenn ich mitansehen mußte, daß sie, nachdem die Bissen verzehrt waren, noch eine Weile weiter suchten.

Mittlerweile wurde der Aktionsradius der Jungfüchse immer größer, sie turnten jetzt öfters gewandt auf den Bergen von Baumstämmen herum und schienen besonders den Ausblick vom zuoberst liegenden Stamm zu genießen. Oft unternahmen sie auch schon ausgedehntere Erkundungsausflüge. Ich traf sie immer seltener am Holzpolter an, dafür hin und wieder einen der Beiden allein in der näheren Umgebung.

Zu diesem Zeitpunkt mußte ich die Aktion abbrechen. Wir traten unseren Jahresurlaub an, ich wußte nicht, ob ich die beiden Jungfüchse oder ihre Mutter später wiedersehen würde. Fern in Skandinavien weilten meine Gedanken oft bei den Füchsen in Nordhessen.

Nach unserer Rückkehr Ende Juni - nach dreiwöchiger Abwesenheit - eilte ich umgehend wieder zu „meinen" Füchsen. Waren sie überhaupt noch am gleichen Ort anzutreffen? Jedenfalls konnte ich sie während mehrerer Kontrollen in den nächsten Tagen nicht feststellen, aber die wiederum ausgelegten Häppchen waren beim späteren Nachsehen immer verschwunden. Selbstverständlich könnten diese aber auch von anderen Tiere verzehrt worden sein. Doch meine Geduld lohnte sich, nach mehreren Tagen beobachtete ich aus einiger Entfernung einen Jungfuchs, der wieder wie gewohnt seine Portion abholte. Doch wie sich bald herausstellte, war es nur noch ein Einzeltier, das sich regelmäßig hier einfand. Wo sein Geschwisterchen geblieben ist, blieb allerdings ungeklärt. Leider

ist anzunehmen, daß es durch irgendeinen Unglücksfall ums Leben kam.

Der kleine Jungfuchs war mittlerweile schon beträchtlich gewachsen, seine welpenhafte Tollpatschigkeit hatte er bereits verloren. Die Veränderung war so stark, daß ich mit Sicherheit nun nicht mehr sagen konnte, ob es sich um den kleinen Rüden oder um seine Schwester handelte. Aufgrund des relativ schlanken Körperbaus und des schmalen Kopfes vermutete ich jedoch, daß es möglicherweise die letztere sein könnte und gab ihr den Namen „Feline".

Soweit möglich, richtete ich es so ein, daß ich immer um die gleiche Tageszeit die Futterbröckchen auslegte. Bald hatte sich meine kleine Freundin so an diese Zeit gewöhnt, daß sie oft schon kurz nachdem ich mich zurückgezogen hatte, ihre leckere Zwischenmahlzeit einnahm. Spätestens von nun an begab ich mich täglich in den Wald zum „Fuchstreffpunkt".

Als ich eines Tages etwa Mitte Juli die Tagesration austeilte, stand urplötzlich Feline etwa sechs bis sieben Meter von mir entfernt frei am Dickungsrand und schaute mir interessiert zu. Zweifellos war in diesem Augenblick ich der Überraschte, sie selbst schien mit mir äußerst vertraut zu sein, blieb jedoch sehr vorsichtig und stets fluchtbereit. Feline beobachtete jede Bewegung meinerseits neugierig und scheinbar abwartend. Ich vermied hastige Bewegungen, sprach ihr beruhigend zu und forderte sie zum Verbleiben auf. Sobald ich zum Weg zurückging, kam sie sofort näher und begann die ihr zugedachte Mahlzeit einzunehmen.

Mir war nun klar, daß mich Feline in der zurückliegenden Zeit lange schon aus der Dickung heraus oder unter dem Polter hervor beobachtet haben mußte und den Zusammenhang zwischen ihrem zusätzlichen Nahrungsangebot und mir längst erkannt hatte. Nur ich selbst hatte diese Kontrolle bisher nicht bemerkt.

Es reizte mich nun herauszufinden, wie weit ihr Vertrauen mir gegenüber ging und wie dauerhaft es bliebe. Auf dieses außerordentliche Vertrauen aufbauend wurde unser Verhältnis zueinander immer fester. Wichtig erschien mir, daß ich mit ihr sprach. Das tat ich dann auch immer, wenn ich zum „Treffpunkt" kam, obwohl Feline noch nicht zu sehen war. Meistens war sie aber dann bereits nach wenigen Augenblicken zugegen. Häufig wurde ich aber auch schon ungeduldig erwartet, wenn ich zur „verabredeten" Zeit erschien.

Im Hochsommer war Feline mittlerweile zu einem stattlichen Jungfuchs herangewachsen. Anfänglich, als sie mich noch mißtrauisch beobachtete, vermied ich den direkten Blickkontakt. Später hielt sie meinen Blick - sozusagen Auge in Auge - auf kürzeste Distanz aus.

Mit der Zeit wurde Felines Aktionsradius größer und manchmal dauerte es 10 bis 15 Minuten, bis sie aus der Dickung gebummelt kam. Sofern Vögel in der Nähe waren, machten diese mich bereits durch Warnlaute einige Zeit vorher auf das baldige Erscheinen meiner Freundin aufmerksam. Beim Durchqueren der Dickung wurde sie von den Vögeln oft schon bemerkt und durch andauerndes Warnen angekündigt, manchmal auch eine Zeitlang begleitet, so daß ich den Streckenverlauf und die Geschwindigkeit des Heranschnürens in etwa verfolgen konnte.

Mir schien es aber immer so, daß Feline keinerlei Notiz von den Vögeln nahm, jedoch kamen diese ihr auch nie zu nahe. Überwiegend handelte es sich um Amseln und Rotkehlchen, seltener einmal um Meisen. Besonders aufmerksam und wachsam war aber ein Neuntöterpaar, das in diesem Bereich seine Jungen aufzog, sie warnten und schimpften oft sehr anhaltend. War Feline jedoch im Freien auf dem Weg gut sichtbar, so beruhigten sie sich bald und gingen wieder ihrer Nahrungssuche nach.

Fichtenkreuzschnäbel dagegen schien Feline ebensowenig Beachtung zu schenken wie umgekehrt. Hoch oben in den Wipfeln der Altfichten war ihnen der Fuchs dort unten am Waldboden wohl zu weit entfernt, um sie besonders zu ängstigen. Nur wenn die Kreuzschnäbel die Zapfen, deren Samen sie verzehrt hatten, mit lautem Plumps zu Boden fallen ließen, schaute Reinecke verschiedentlich mißtrauisch dorthin.

Die Warnrufe der Vögel kündigten Felines Erscheinen am „Treffpunkt" an, bevor sie aus der Dickung trat.
Der Fichtenkreuzschnabel in den Kronen der Bäume ließ sich vom Fuchs am Erdboden aber kaum stören

Anfangs hatte ich meinen Wagen etwas entfernt am Waldweg abgestellt, merkte aber nach einiger Zeit, daß Feline das Herannahen des Wagens hervorragend registrierte und kurz danach auftauchte, auch wenn ich aus unterschiedlichen Gründen nicht pünktlich sein konnte. Mehrmals geschah es, daß sie während meiner langsamen Anfahrt etwa zwischen achtzig bis hundertzwanzig Meter vor dem gewohnten Futterplatz seitlich aus der Dickung kam und dem Wagen in hastigen Sprüngen nachrannte, wie ich belustigt im Rückspiegel beobachten konnte. Es blieb mir unbekannt, ob sie das Motorengeräusch des Wagens bzw. meine Fahrweise folgerichtig zuordnete oder das Auto aus der Deckung heraus optisch erkannt. Dieser Waldweg wurde zwar nur relativ wenig befahren, jedoch benutzten natürlich der Revierförster und die Waldarbeiter diesen Weg öfters.

Später sollte sich jedoch noch häufiger zeigen, daß Feline sehr wohl zwischen meinem Pkw und einem anderen Fahrzeug zu unterscheiden wußte. Näherte sich einmal ein fremder Wagen, so nahm sie sofort reißaus.

Die mitgebrachten Leckerbissen verstreute ich inzwischen meist in einem weiteren Umkreis, so daß Feline - wie in der Natur - schon einen gewissen Energieaufwand investieren mußte, um alle Bröckchen ausfindig zu machen. Wenn ich mich etwas entfernt aufhielt, erschien von Zeit zu Zeit Felines Mutter kurz am Dickungsrand, um mich und den Ort der zwar nicht üppigen, doch regelmäßigen Nahrungsquelle zu beobachten. Bald bildete sich zwischen Mutter und Kind eine Konkurrenz um die ausgelegten Bissen.

Obwohl die Mutter mir gegenüber immer äußerst vorsichtig blieb, konnte ich sie mehrfach aus meinem Versteck heraus im Foto festhalten. Um beide für mich auseinanderzuhalten, nannte ich die Mutter nach der Fabel „Reinecke Fuchs" Ermelyne. Wenn ich sie in Ruhe beobachten konnte, war die Unterscheidung leicht möglich, obwohl meine Feline schon fast so groß wie ihre Mutter war. Während Ermelyne eine etwas graue Fellfarbe hatte und bedingt durch das Verlieren des Winterhaares und die Aufzucht ihrer Jungen recht zerzaust und abgekommen aussah, hatte Feline ein glattes rotes Fell.

Im Laufe der Zeit wurden die sichtbaren Distanzen zwischen Feline und mir immer geringer. Etwa ab Ende Juli näherte sie sich mir manchmal schon bis auf 3 Meter. Dabei behielt sie mich auch nicht mehr so

ausdauernd im Auge wie zu Beginn unserer Bekanntschaft, sondern widmete sich unbeeindruckt ihrem „ihr zustehenden" Futter.

Überhaupt merkte ich, daß sie, wenn ich mit ihr sprach, immer vertrauensvoll in meiner Nähe blieb und sich sicher fühlte.

Verschiedentlich konnte ich an Felines Verhalten erkennen, daß irgendetwas für mich nicht Wahrnehmbares, beispielsweise in der Dickung, ihre Aufmerksamkeit oder gar ihr Mißfallen erweckte.

Sie wurde dann unruhig, sicherte immer wieder zur Dickung und unterbrach kurzzeitig die Mahlzeit. War es ihre Mutter oder möglicherweise ein anderer Fuchs, fing sie verschiedentlich sogar zu winseln an, wohl aus begründeter Sorge um das Abendbrot. Da sich aber Nahrungskonkurrenten, solange ich mich in der Nähe aufhielt, nicht hervortrauten, beruhigte sie sich bald wieder. So registrierte ich nicht ohne Stolz, daß Feline ihren eigenen Artgenossen - wobei sie Ermelyne möglicherweise gar nicht mehr als leibliche Mutter ansah - zumindest als Nahrungskonkurrenten mehr mißtraute oder gar fürchtete, als mich, den Menschen.

Überaus bemerkenswert, ja oftmals unglaublich sind die hervorragenden Sinnesleistungen des Fuchses. Am Futterplatz, wo wir den Waldweg nicht mehr einsehen konnten, geschah es oftmals, daß Feline zu meiner Überraschung urplötzlich und blitzartig mit einem Riesensatz in der Dickung verschwand, obwohl sie Augenblicke zuvor noch in aller Ruhe dicht vor mir saß. Zuerst kam mir der Gedanke an ein Fehlverhalten meinerseits, aber nach vorsichtiger Kontrolle konnte ich dann feststellen, daß entweder ein Fahrzeug oder aber ein Spaziergänger diese Reaktion ausgelöst hatte. Ein Fahrzeug bemerkte Feline schon auf größere Entfernung und immer früher als ich. Fußgänger vernahm sie oft auf eine Distanz von über 100 Meter, auch wenn es leise gehende Einzelpersonen waren und sie wegen ungünstiger Windrichtung nicht zu wittern waren. War die Störung vorbei, so erschien sie meist schon nach wenigen Minuten wieder.

Auch in diesen Fällen war es mir wichtig, die sehr einseitige Unterhaltung mit ihr beizubehalten, so etwa wie man begütigend mit einem Hund oder einem anderen Haustier spricht. Einem uneingeweihten Waldwanderer wäre es - gelinde ausgedrückt - sehr merkwürdig vorgekommen, hätte er diese vermeintlichen Selbstgespräche miterleben können. Aber davor waren wir ja dank der außergewöhnlichen Sinnesleistungen meiner Freundin sicher.

Ein weiteres Beispiel ihrer hervorragenden Wahrnehmungen lieferte mir Feline eines Abends. Sie blickte aufmerksam immer wieder in eine bestimmte Richtung, wobei sie zwischendurch ihre Futterbröckchen suchte und aufnahm. Kurz nachdem ich mich dieser Richtung zugewandt hatte, trat auf etwa 180 Meter(!) Entfernung ein Hirsch aus der Dickung, sprang über den Graben und überquerte ohne Eile den Waldweg. Wie der Fuchs diesen Hirsch bemerkt haben konnte, ist mir unerklärlich geblieben. Für mich lief das Geschehen völlig lautlos ab. Die Entfernung habe ich später abgeschritten, ich konnte mir die Stelle des Überwechselns aufgrund einiger vorstehender Fichten gut merken.

Immer zeigte mir Feline durch ihr aufmerksames Verhalten das Näherkommen verschiedener Wildarten in der Dickung an bevor sie heraustraten. Das geschah ebenso bei einzelnen Rehen wie im Winter bei einer Rotte Sauen im Schneetreiben oder einem Keiler in dichtem Nebel. Schrien während der Brunft Rothirsche nahebei, ließ sie das völlig unbeeindruckt, wohl wissend, daß von dort keine Gefahr drohte.

Mehrmals beobachtete ich auch, wie Feline bei Motorengeräuschen nach oben äugte und einem überfliegenden Hubschrauber oder Sportflugzeug aufmerksam nachschaute. Das tat sie nicht bei hochfliegenden Verkehrsmaschinen.

Daß das tägliche Leben eines Wildtieres nicht ohne Spuren von Verletzungen abläuft, ist, wie sich auch später noch zeigen wird, wohl normal. Am 12. August hatte Feline am rechten Vorderbein, außen in Höhe des Ellbogens, eine etwa 2 DM-Stück große blutige Verletzung, an der auch das Fell fehlte. Sie hinkte zwar etwas, jedoch hat sie diese Verletzung wohl nicht sehr beeinträchtigt. Schon im Laufe der nächsten Tage verheilte die Wunde schnell;

Plötzlich sicherte Feline in Richtung des Waldrandes. Trotz größter Aufmerksamkeit konnte ich jedoch nichts entdecken. Wenige Augenblicke später erschien dort in 180 Meter Entfernung ein Hirsch in der Dämmerung. Diese enorme Sinnesleistung bewies Feline auch gegenüber anderen Tieren

am 20. August war auf der immer noch fellfreien Stelle nur noch eine dunkle Narbe zu sehen.

Die Ursachen für solche Verletzungen können vielgestaltig sein. Ein leichter Unglücksfall, beispielsweise beim Durchzwängen durch enges Bruchholz, Gestrüpp und Geröll, beim Springen über ein Hindernis oder beim Kampf mit Artgenossen - wie auch mit anderen Wildtieren - kann alltäglich passieren.

Eine sehr häufige Ursache, die jedoch selten für das Wildtier glimpflich abläuft, sind Unfälle mit Kraftfahrzeugen auf unseren Straßen. Gerade Füchse fallen oft dem Straßenverkehr zum Opfer, da sie häufig die Straßenränder nach angefahrenen Tieren absuchen. Ich selbst fand mehrmals kleinere Tiere als Verkehrsopfer, die ich selbstverständlich dann meinem Fuchs mitbrachte. Es handelte sich dabei um eine Goldammer, Buchfinken, Eichelhäher, Eichhörnchen und Hermelin.

War mal wie in den eben geschilderten Fällen das Nahrungsangebot etwas reichlicher, so betrieb Feline Vorratswirtschaft. Mit den Vorderpfoten scharrte sie eine

Vertiefung, in die sie die Beute hineinlegte und mit dem Nasenrücken die Erde oder Nadelspreu darüberschob und anschließend mit der Schnauze festklopfte. Solche Vorratswirtschaft wird von Füchsen häufiger betrieben, sie finden die vergrabene Beute meist durch den Verwesungsgeruch wieder.

Ermelyne war den ganzen Sommer über bis in den Frühherbst hinein nur noch sporadisch zu sehen, obwohl sie allen Anzeichen nach doch ab und zu in der Nähe war. Manchmal beobachtete sie mich auf eine Entfernung von 50 bis 60 Meter längere Zeit freistehend am Dickungsrand. Ab Anfang August wurde ihr äußeres Erscheinungsbild wieder ansehnlicher, größtenteils hatte sie ihr Winterhaar verloren. Da sie nicht mehr wie im Frühjahr dauernd auf den Beinen sein mußte, um genügend Nahrung für ihre Jungen herbeizuschleppen, stand ihr selbst auch wieder mehr Beute zur Verfügung.

Zwischen Feline und mir hatte sich Mitte August die Distanz bis auf etwa einen Meter verringert. Das heißt, daß sie sich mir bis auf diese geringe Entfernung bei der Nahrungsaufnahme von selbst ohne Scheu näherte.

Das begrenzte Terrain, auf dem ich die Portionen auslegte, veränderte ich manchmal von Tag zu Tag um einige Meter. War Feline dabei noch nicht anwesend, so kontrollierte sie nach Erscheinen zuerst den Platz vom Vorabend - ein Beweis für die außergewöhnliche Lernfähigkeit eines Fuchses. Erst wenn sie dort nicht das Erwartete fand, suchte sie die weitere Umgebung ab. Durch entsprechende Gesten und Zureden konnte ich ihr aber immer schnell deutlich machen, wo sich heute die Tagesration befand.

Verständlicherweise hatte meine Frau sehr viel Anteil an meiner „Fuchs-Freundschaft", nicht nur was die liebevolle Bereitstellung der täglichen Portionen anbetrifft. So war es verständlich, daß sie zumindestens hin und wieder die Entwicklung unseres Fuchses vor Ort miterleben mochte. Das war allerdings nach einigem Erproben nur dann möglich, wenn sie versteckt im Wagen sitzen blieb und ich die-

Feline war nicht mehr ausschließlich auf die Futterzuteilung durch ihre Mutter angewiesen. Sie ging jetzt selbst auf Beutefang. War die Jagd besonders erfolgreich, betrieb sie Vorratswirtschaft und vergrub einen Teil der Beute - hier eine Maus

Die meisten Aufnahmen von mir und Feline konnte ich nur mit Stativ und Selbstauslöser machen

sen so abstellte, daß sie zumindest aus einiger Entfernung das Geschehen mitverfolgen konnte. Voraussetzung war jedoch, daß sie sich im Fahrzeug sehr ruhig verhielt und nur wenig bewegte. Bei aller Vorsicht unsererseits war Feline aber so gewitzt, daß sie diese Veränderung bemerkte und immer wieder zum Wagen schaute. Leider mißlangen damit zunächst die Versuche, mich und Feline aus dem Wagen heraus gemeinsam auf einem Foto festzuhalten.

Solche Fotodokumentationen gelangen mir nur dann, wenn ich die Kamera mit Stativ aufbaute und auf eine festgelegte Position ausrichtete. Anschließend begab ich mich an den entsprechenden Ort, rief Feline zu mir und betätigte den Fernauslöser. Anfangs schaute sie sofort irritiert und fluchtbereit zur Kamera, das Auslösegeräusch aus einer unerwarteten Richtung ließ sie unmittelbar ängstlich reagieren. Wenn ich die Kamera dagegen selbst in der Hand hatte und Feline aus nächster Distanz fotografierte, störte sie das in keinster Weise, ja, sie schaute nicht einmal zu mir hin. An diese „Lärmquelle" in meiner Hand hatte sie sich von kleinauf gewöhnt.

Während ich anfangs die Kamera mit einem schallgedämpften Gehäuse versehen hatte, habe ich dieses später, als Feline mir gegenüber größeres Vertrauen hatte, aus praktischen Handhabungsgründen fortgelassen. Mit der Zeit gewöhnte sich Feline auch immer mehr an das Auslösegeräusch, das abseits von uns entstand, behielt dabei jedoch stets mißtrauisch die Kamera auf dem Stativ im Auge.

Im Herbst war Felines Vertrauen mir gegenüber soweit gediehen, daß sie sich meiner ausgestreckten Hand bis auf etwa 30 Zentimeter näherte. Nachdem sie ihre Tagesration verzehrt hatte, blieb sie meistens noch etwas in meiner Nähe, wohl hoffend, daß doch noch ein Bröckchen abfallen könnte. Ich ließ mich desöfteren

Mit bettelndem Gesichtsausdruck saß Feline häufig vor mir und hoffte auf eine kleine Extraportion

auf einem Baumstubben nieder, um ihr in Ruhe bei der Nahrungsaufnahme zuzusehen. Fand sie nach einigem Suchen nichts Genießbares mehr, so setzte sie sich sehr häufig etwa ein bis zwei Meter aufrecht vor oder neben mich, um mich unverwandt anzusehen. Mit solch einem ausdrucksvollen Bettelgesicht betrachtet zu werden und dann hart zu bleiben und nicht doch noch ein kleines Zubrot zu spendieren, kostet oft Überwindung. Ich behielt zwar für etwaige „Notfälle" meistens ein Häppchen in Reserve, habe es aber nur selten verabreicht.

Feline hatte sich unterdessen sehr gut auf meine Gestik und Stimme eingestellt. Es gelang mir öfters, sie, nachdem sie ihr Abendbrot verzehrt hatte und nach einiger erfolgloser Wartezeit abwandern wollte, zurückzurufen. Sogar aus Entfernungen bis zu etwa 50 Meter. Es hing meist von ihrem noch ungestillten Appetit ab, ob sie auf mein Locken und Winken langsam oder zögerlich, manchmal aber auch im Trab wieder zurückkam. Es geschah aber auch, daß sie mal keine Lust verspürte, noch ein Weilchen wartete und zurückblickte um dann doch davonzutraben.

Einen beachtlichen Vertrauensbeweis lieferte mir Feline so etwa ab Anfang Oktober, von da an aber häufiger. Während sie auf geringe Distanz vor mir ihre Portionsbröckchen zusammensuchte, drehte sie sich plötzlich um und sicherte - mir den Rücken

Felines Vertrauen mir gegenüber war für einen wildlebenden Fuchs sensationell. Sie genoß sichtlich ein ruhiges, ungestörtes Schläfchen auf einem Baumstubben in meinem Beisein

zuwendend - zur Dickung hin. Dort erschien wenig später für einen Augenblick ein anderer Fuchs. Bisher hatte sie mich bei ihrer Nahrungssuche zwar nur noch selten im Auge behalten, mir aber auch nie längere Zeit vertrauensvoll den ungedeckten Rücken zugewandt.

Öfters setzte sie sich für einige Minuten in geringer Entfernung zu mir. Dabei postierte sie sich oft so, daß sie mir den Rücken bzw. eine Seite zuwandte, meistens hellwach und aufmerksam mit spielenden Ohren. Ein anderes Mal aber gönnte sie sich, etwas schläfrig blinzelnd und hin und wieder gähnend, mit mir ein gemeinsames, besinnliches Ruhepäuschen.

Ab Mitte Oktober erschien sporadisch, manchmal aber auch regelmäßig mehrere Tage hintereinander, ein weiterer Fuchs am Futterplatz, um dann aber wieder eine zeitlang fortzubleiben. Meistens erschien er etwas später als Feline. Da jetzt schon recht früh die Dämmerung einsetzte und der bisher unbekannte Fuchs etwas vorsichtiger im Hintergrund blieb, hielt ich ihn anfangs für Ermelyne. Da er auch mein ruhiges Zureden ohne besondere Furcht hinnahm, bestätigte das scheinbar meine Vermutung.

Bei starken Regenfällen, die jetzt im Herbst häufiger einsetzten, blieb ich auch schon mal im Wagen sitzen, um nicht völlig durchnäßt zu werden. Das wurde von meinen roten Freunden schnell und wie selbstverständlich akzeptiert. Oftmals schaute Feline erst einmal vorsichtig sichernd aus einiger Entfernung vom Dikkungsrand aus zu mir. Sobald sie aber meine Zurufe hörte, kam sie ohne Umschweife herbei. Während sie dann im strömenden Regen dicht an den Wagen kam, blieb der Neuankömmling auf Distanz, näherte sich aber nach einer gewissen Gewöhnungszeit bis auf sechs bis acht Meter dem Fahrzeug. Erst jetzt konnte ich erkennen, daß dieser Fuchs erheblich stärker war als meine inzwischen ausgewachsene Feline. Seine kräftige Erscheinung mit dem ausgeprägten starken Schwanz deuteten auf einen alten Rüden hin.

Das im Laufe der Zeit immer zutraulichere Verhalten eines gesunden Altfuchses in freier Wildbahn war schon sehr erstaunlich, um so mehr, als solches bisher schlichtweg für nicht möglich gehalten wurde. Auch in diesem Fall stellte es die außerordentliche Lern- und Anpassungsfähigkeit des Rotfuchses wieder einmal unter Beweis.

Um auf längere Sicht dem Übel der nicht eindeutigen Zuordnung der verschiedenen Füchse in meinen Aufzeichnungen beizukommen, gab ich ihm spontan den Namen Felix.

Jetzt gab es zwischen den Füchsen manchmal Streit um das zusätzliche Abendbrot. Mit gesträubtem Fell am Hals und Rücken machte der Rüde seinen Besitzanspruch geltend, während Feline wohl ältere Rechte anmeldete, beide schrien sich dabei keckernd an. Meistens wich Feline in geduckter Demutshaltung und mit eingeklemmtem Schwanz, oft dabei ängstlich winselnd, zurück.

Nach zeitweisem Streit kam es jedoch auch vor, daß sie in nur ein bis zwei Meter Entfernung voneinander friedlich nebeneinander ihre Häppchen suchten. Kamen sie sich dabei zu nahe, wendeten sie ihre Hinterpartien zueinander und versuchten so rückwärtsschiebend und -schubsend sich gegenseitig vom vermeintlich besten Platz zu verdrängen.

Bei stärkerem Streit waren neben dem keckernden Kreischen auch ängstlich murrende, knurrende und manchmal quiekende Lautäußerungen zu vernehmen, letztere besonders von Feline. Manchmal nahm sie Felix gegenüber - ohne besonders zurückzuweichen - eine Demutshaltung ein, dabei winselnd und mit zurückgelegten Ohren und offener Schnauze aber angstdrohend.

Eines Abends jagten sich zwei Füchse - Verfolgter und Verfolger waren bei der Schnelligkeit nicht zu erkennen - zwei-, dreimal über den Waldweg. Plötzlich standen sich beide am Dickungsrand gegenüber und schrien sich mit geöffneten Schnauzen und drohendem Gebiß an. Wie auf ein Kommando stellten sie sich auf die Hinterbeine, setzten sich gegenseitig die Vorderbeine auf die Brust und tänzelten so einige Augenblicke auf der Stelle. Auch hierbei wurde ein halblautes Keckern hörbar, aber alles mutete eher spielerisch an.

Die landesweit in Hessen zur Bekämpfung der Tollwut angeordnete Aktion zur Immunisierung der Füchse mittels mit Impfstoffen versehener Köder stand an. Vom zuständigen Revierförster, der die ganze Fuchsgeschichte von Anfang an sehr interessiert verfolgte und mit großem Verständnis duldete, bekam ich die besagten Köder. Am 9. November legte ich einen davon in Sichtweite aus. Wider Erwarten verschmähte Feline diesen „Appetithap-

pen" zuerst, nahm ihn aber einige Zeit später doch auf und ... trug ihn zur Dickung. Es blieb mir verborgen, was sie damit anstellte, ich vermute aber, daß sie ihn in der Deckung verzehrte. Am Tag darauf startete ich einen weiteren Versuch um sicherzugehen. Auch diesen Köder fand sie fast augenblicklich und fraß ihn zu meiner Beruhigung an Ort und Stelle auf.

Um bei der im Spätherbst früh einsetzenden Dunkelheit wenigstens einige dokumentarische Fotos machen zu können, war ich auf die Verwendung eines Blitzgerätes angewiesen. Dieses grelle Aufblitzen löste bei beiden Füchsen nur bei den allerersten Aufnahmen eine äußerst geringe Reaktion aus, es war allenfalls ein leichtes Zusammenzucken und mal ein kurzes Herüberblicken festzustellen.

Dieses Phänomen ist bei der Fotografie von Wildtieren schon öfters beobachtet und beschrieben worden, es ist anzunehmen, daß Tiere in der freien Natur sich bei Gewittern an die Blitze gewöhnt haben.

Das Verhalten beider Füchse untereinander und mir gegenüber hatte sich inzwischen kaum verändert, außer daß auch Felix noch vertrauter wurde und sich dem Wagen - wenn ich drinnen saß und bei geöffnetem Fenster mit ihm sprach - auf wenige Meter näherte.

Ab Anfang Dezember begann eine unruhige Zeit im Leben der Rotfüchse, es mehrten sich die ersten Anzeichen ihrer Paarungszeit - der Ranz. Füchse werden mit 9 bis 10 Monaten geschlechtsreif und dieses Alter hatte Feline ja nun erreicht.

Obwohl ich weiterhin zur gleichen Zeit täglich zum „Treffpunkt" fuhr, kam Feline im Dezember nur noch an sieben Tagen während meiner Anwesenheit zum Abholen ihrer Tagesrationen. Oft wartete ich sehr lange und trotzdem vergebens, aber die Rationen legte ich nach wie vor am „verabredeten" Ort ab. Daß sie auch weiterhin von Füchsen abgeholt wurden, sah ich anderentags, besonders bei Schneelage. Nur einmal waren wohl zufälligerweise in nächster Nähe vorüberwechselnde Wildschweine auf die von hier ausgehenden Düfte aufmerksam geworden und hatten diesen Ort genauestens untersucht. Wer aber in den Genuß der Leckerbissen gekommen war, ließ sich am darauffolgenden Tag anhand der Spuren nicht klären.

Zwar war ich im Wagen vor den von oben herabkommenden „Winterfreuden" - wie Schneeregen, Naßschnee u.ä. - relativ geschützt, mußte aber, um ein Beschlagen der Fenster zu verhindern und problemlos beobachten zu können, die Seitenscheiben immer geöffnet lassen. So kroch die Kälte mit der Zeit auch durch die wärmste Winterkleidung. Gefroren habe ich den

Eines Tages erschien Feline in Begleitung eines mir unbekannten Fuchses. Es war ein älterer Rüde von stattlicher Statur. Ich gab ihm den Namen Felix

Füchsen zuliebe täglich ausgiebig, manchmal stundenlang.

Bei dieser Warterei konnte ich aber auch feststellen, daß die Füchse, zumindest zeitweise, die sonst täglich so sehr geschätzte Zusatznahrung etwas hintenan stellten. Sie hatten nun wichtigere Dinge im Kopf.

Wenn nach einigen Tagen der Unterbrechung Feline mal wieder bei mir auftauchte, tat sie so, als sei das alles völlig normal, was es ja wohl auch war. Vertrauensvoll wie immer kam sie direkt zu mir, holte ein paar Appetithäppchen ab und verschwand oft wieder nach nur wenigen Minuten.

Manchmal hatte ich mir jedoch erhebliche Sorgen um ihr Wohlbefinden gemacht. Schließlich fanden wie üblich im Winter, wenn auch nicht im Bereich unseres Treffpunktes, so doch in den etwas entfernteren Revierteilen Drückjagden statt, denen auch sie, wie manch anderer Rotrock, hätte zum Opfer fallen können. Auch die Autostraße durch den Wald verläuft in nur knapp vierhundert Meter Entfernung und hätte ihr bei ihren Streifzügen ebenfalls zum Verhängnis werden können.

Aber Feline war Gottseidank zum Jahresende munter und zutraulich wie bisher. Immerhin kannten wir uns jetzt ja bereits sieben Monate, für ein solches freundschaftliches Vertrauensverhältnis zwischen einem Mensch und einem freilebenden Wildtier - ganz besonders einem Fuchs - schon eine beachtliche Zeitspanne.

Am Abend des 30. Dezember hörte ich in diesem Jahr zum ersten Mal in der angrenzenden Dickung das mehrmalige Bellen eines ranzenden Fuchses. Kurz darauf verabschiedete sich Feline ziemlich eilig. Das Bellen der Füchse ist nur während der Ranzzeit zu hören, es ist eine Rufreihe von drei bis sechs rasch hintereinander geäußerten Lauten. Obwohl nicht besonders laut, sind sie aber doch relativ weit hörbar. Mit diesen Bellrufen machen Füchse ihre Geschlechtspartner auf ihren augenblicklichen Standort aufmerksam, es bellen vor allem Rüden.

In der oft langen Wartezeit während der Wintermonate sah ich verschiedentlich auch anderes Wild über die Waldwege wechseln. Mal waren es einzelne Rehe oder zwei, drei Stücke Rotwild, ganz selten auch mal eine Rotte Wildschweine. Außer den zur Winterszeit üblichen Vogelarten

erfreute mich eines Tages eine vorübergaukelnde Kornweihe, die sich wohl in den tieferen, milderen Lagen als seltener Wintergast aufhielt und hier mal eine kurze Gastrolle gab.

Auch im Januar glänzte Feline häufig durch Abwesenheit, an insgesamt 23 Tagen. Immer wieder nagte in mir der Zweifel, ob sie diesen Winter überlebt. Oft vernahm ich mit Beklemmung die Streckenmeldungen der verschiedenen Drückjagden unseres Waldgebietes besonders was die Anzahl der erlegten Füchse anging. Mein Freund, der Revierförster, tröstete mich während unserer diesbezüglichen Unterhaltungen immer wieder mit den Worten: „Ich schieße hier selbstverständlich keinen Fuchs." Dessen war ich mir auch sicher; aber bei einer Drückjagd in den umgebenden Revierteilen konnte man nur auf das große Glück hoffen, und wie weit ging denn wohl in der Ranz der Aktionsradius meines Fuchses?

So war ich dann jedesmal, wenn sie wieder wie selbstverständlich angebummelt kam, hocherfreut. Manchmal, besonders wenn sie bei Eisregen- oder Graupelschauern völlig durchnäßt erschien, machte sie schon einen bemitleidenswerten Eindruck.

Verschiedentlich ließ sich nun auch Felix wieder blicken, er hatte die harte Zeit bis jetzt scheinbar gut überstanden und war so vertraut wie vorher. Außerdem mehrten sich die Besuche eines bereits Ende Januar beobachteten, sehr dunkel gefärbten Fuchses - einem sogenannten Brand- oder Kohlfuchs. Seine Unterseite war statt weiß eher dunkelgrau, die Schulterpartie fast schwärzlich und die Schwanzspitze nur sehr geringfügig weiß gefärbt. Sein ausdrucksvolles Gesicht mit den weit auseinander und flach abstehenden Ohren wirkte fast spitzbübig. Wegen seines dunklen Aussehens nannte ich ihn „Mohrle". Es schien ein jüngerer Rüde zu sein, er war jedenfalls nicht so kräftig gebaut wie Felix.

Mit Unterbrechungen war mal der eine, mal der andere gleichzeitig mit Feline anwesend. Auch Mohrle näherte sich mir - wenn ich im Wagen sitzenblieb - schon auf 10 bis 12 Meter. Meine Stimme schien er längst zu kennen, sie schien in ihm jedenfalls kein Mißtrauen zu erwecken.

Er wurde jedoch nie ganz so vertraut wie Feline und war bei der Futtersuche immer etwas vorsichtiger. Waren beide jedoch gleichzeitig anwesend, so war auch er wesentlich ruhiger und weniger nervös.

Mitte des Monats Februar meldete sich der Winter nochmals mit aller Macht zurück. Ein orkanartiger Sturm mit starken Schneefällen richtete im Wald teilweise große Schäden durch Windwurf und -bruch an. Die Landschaft ruhte wieder unter einer dicken Schneedecke, der feine Pulverschnee verwehte und verwischte im Nu jegliche Spuren.

Nachdem schon Ende Januar bei sehr mildem Wetter hier und dort die Spechte trommelten und die Ringeltauben gurrten, war nun wieder tiefster Winter eingekehrt. Im rundum schweigenden Winterwald war nur in den Altfichten verschiedentlich einmal das zarte Wispern der Goldhähnchen zu hören.

Mitten in der Ranzzeit - Ende Januar - tauchte ein weiterer Rüde am „Fuchstreffpunkt" auf. Wegen seiner dunklen Fellfarbe nannte ich ihn Mohrle. Feline wurde also nun von zwei männlichen Füchsen umworben

Inzwischen ging mir öfters der Gedanke durch den Kopf, wie die Fuchsgeschichte weitergehen sollte. Was würde geschehen, wenn Feline Junge bekäme, sollte ich diese dann überhaupt zu Gesicht bekommen?

Anfangs hatte ich ja nur den Ehrgeiz, einen Fuchs auf meine Person zu prägen sowie zu testen, in welchem Zeitraum das möglich sei und wie lange diese Prägung anhalten würde. Mein damals - zum Zeitpunkt, als Feline die mitgebrachten Leckerbissen in meinem Beisein verzehrte - ins Auge gefaßtes Ziel war so etwa ein Jahr. Meines Wissens war es noch nie gelungen, einen freilebenden Fuchs an einen Menschen zu gewöhnen und ein solches Vertrauensverhältnis aufzubauen, so daß aber trotzdem das Tier dabei ein Wildtier - besonders im Verhalten zu anderen Menschen - blieb. Es ist bekannt, daß am Bau gefangene und mit nach Hause genommene Fuchswelpen ihrem Pfleger gegenüber sehr zahm werden. Natürlich bleibt diesen Füchsen auch kaum eine andere Wahl.

Ende Februar wurden durch die Waldarbeiter die durch den Sturm Mitte des Monats geworfenen und gebrochenen Fichtenstämme ganz in der Nähe aufgearbeitet. Das brachte unvermeidliche vorübergehende Störungen mit sich. Feline erschien jetzt abends schon mal etwas später, ebenso Felix und Mohrle, wenn diese sich überhaupt blicken ließen.

Anfang März wurden die Fichtenstämme als Polter genau wieder an der gleichen Stelle zwischen Waldweg und Dickung gelagert wie im Vorjahr, dort wo ich Feline kennengelernt hatte.

Schon ab Ende Februar hatte ich hin und wieder das Gefühl, daß Feline etwas rundlicher wurde - vermutlich war sie tragend. Sie wurde von Tag zu Tag träger und unbeweglicher. Oft stand sie längere Zeit sehr inaktiv an einem Platz, und wenn sie sich fortbewegte, geschah das relativ langsam.

Am 21. März blieb sie aus, das war wohl das sicherste Anzeichen bzw. die Bestätigung meiner Vermutungen. Auch in den beiden nächsten Tagen ließ sie sich nicht blicken, nur Mohrle machte verschiedentlich seine Aufwartung. Es ist bekannt, daß eine Füchsin nach der Geburt ihrer Jungen

*Ende Februar war es offensicht-
lich: Feline war tragend.
Wie sollte es nun weitergehen?
Würde sie nach der Geburt ihrer
Jungen den Kontakt zu mir
abbrechen, um diese vermeint-
lich schützen zu müssen?*

meist mehrere Tage im Bau bleibt um die noch nackten Welpen zu säugen und zu wärmen.

Am Abend des 24. März kam Feline vertraut wie immer, um sich nach einigen Leckerbissen umzusehen. Nun sah ich, daß sie nicht nur schlanker, sondern auch wieder quicklebendig und vor allem sehr hungrig war. Sie fraß hastig, blieb aber nur wenige Minuten bei mir und verschwand mit einigen Bröckchen in der Schnauze eiligst in der Dickung. Von nun an kam sie wieder regelmäßig, blieb aber in den ersten Tagen auch weiterhin nur wenige Minuten. Von Tag zu Tag nahm sie sich immer etwas mehr Zeit und schien es bald nicht mehr so eilig zu haben.

Hatte sie „den Tisch" abgeräumt, blieb sie öfter noch einige Zeit vor mir stehen oder sitzen, um mich ununterbrochen anzuschauen.

Sie konnte es scheinbar nicht recht glauben, daß ich es bei so wenigen Häppchen bewenden ließ. Ich redete ihr dann eine Weile gut zu in der Hoffnung, ihr wenigstens im Tonfall trotzdem meinen guten Willen darzulegen. Bei allem Wohlwollen, sie mußte auch für sich und ihre Jungen selbst sorgen. Nach einer Weile hoffnungsvollen Wartens sah sie die Ergebnislosigkeit wohl auch ein und ging auf Jagd, nicht ohne hin und wieder stehen zu bleiben und nochmals zurückzublicken.

Feline wurde immer zutraulicher. Eines Tages fraß sie mir direkt aus der Hand. Anfänglich näherte sie sich mir noch in geduckter Haltung, später war auch die letzte Angst verflogen

Anfang April nahm Feline mir zum erstenmal mitgebrachte Fleischstückchen aus der Hand! Das heißt, zu dieser Zeit habe ich zum erstenmal diesen Versuch gewagt, vielleicht hätte sie das auch schon früher getan. Anfangs nahm sie mir das Stück noch mit etwas ängstlicher langgestreckter Haltung vorsichtig ab und zog sich sofort einige Meter zurück, aber schon nach ganz kurzer Zeit nahm sie mir den Bissen wesentlich ruhiger, vertrauter aus der Hand und fraß ihn gleich neben mir auf.

Ihre Futterportionen transportierte ich immer in einem Joghurt-Plastikbecher in meiner Umhängetasche. Als ich diesen Becher einmal auf einem Stubben abstellte, um einige Fotos zu machen, bewies sie mir sogleich ihre außerordentliche Lernfähigkeit. Ich sah schon an ihren Blicken, daß sie etwas im Schilde führte. Blitzschnell, mit wenigen Sprüngen, war Feline beim Becher, ergriff ihn mit der Schnauze und wollte mit der Beute fliehen. Da ich sofort

Alles wurde von Feline einer Verwertbarkeitsprüfung unterzogen. Als sie jedoch mit meiner Fototasche samt wertvollem Inhalt im Sprint reißaus nehmen wollte, mußte ich eingreifen und sie lautstark „zurückpfeifen"

darauf mit lautem Zurufen und Hinterherrennen reagierte, ließ sie die ihr nicht gegönnte Beute aber nach wenigen Metern wieder fallen. Ihr Erinnerungsvermögen und ihre rasche Auffassungsgabe demonstrierte sie mir aber auch in einem anderen Fall. Oftmals, nachdem ich den Inhalt des Bechers verteilt hatte, tat ich diesen in die Umhängetasche zurück, verschloß sie und stellte sie neben mir ab. Auf einem Stubben sitzend sah ich ihr bei der Nahrungssuche zu. Nachdem sie die für sie angenehme Arbeit bewältigt hatte, gesellte sie sich wieder zu mir in der Hoffnung auf Zugabe. Abermals setzte sie sich vor mich hin und blickte mich unverwandt an. Nach einiger Zeit der ergebnislosen Warterei bemerkte ich, wie ihr Blick immer häufiger zur Tasche wanderte. Und wieder blitzschnell - ohne daß ich noch frühzeitig reagieren konnte - hatte sie mit ein, zwei Sätzen die Tasche gefaßt und suchte das Weite. Da sich in der Tasche neben dem erwähnten Becher auch noch eine Fotokamera mit Objektiv befand, waren meine Reaktion und meine Ausrufe dementsprechend. Das war ihr denn doch wohl reichlich unsympathisch und nach etwa acht Meter Trageleistung im Sprint ließ sie die Tasche zu meiner Erleichterung fallen.

Sie selbst nahm mir meine Reaktionen nicht übel und kam nach solchen Zwischenfällen anschließend sofort wieder vertrauensvoll zu mir zurück.

Feline war so neugierig, daß sie fast alles, was ich bei mir oder an mir trug, einer Verwertbarkeitsprüfung unterzog. Das geschah z.B. mit einem prüfenden Biß in die Schuh- bzw. Stiefelspitze oder auch schon mal ins Hosenbein, aber immer nur leicht, ohne Schäden zu hinterlassen. Da ich dann natürlich mit ihr schimpfte, denn ich wußte ja vorher nie, wie konsequent eine solche Prüfung ausgehen könnte, ließ sie immer wieder gleich davon ab.

Ab Anfang April erwartete mich Feline regelmäßig zu unserer „verabredeten Zeit", wenn ich mit dem Wagen angefahren kam. Immer häufiger kam sie mir entgegengelaufen und lief hinter dem Auto her, bis zum Wendepunkt, wo ich parkte und dann auch ausstieg. An einem Abend betrug diese Strecke fast 200 Meter!

Eines Morgens fand ich auf der Straße eine Wildente, die den Zusammenprall mit einem Fahrzeug nicht überlebt hatte. Selbstverständlich dachte ich augenblicklich an den Hunger von Feline, nahm die Ente und brachte sie abends - nachdem ich den mir bekannten Jagdberechtigten informiert und er natürlich auch nichts dagegen hatte - als willkommene Fuchsmahlzeit mit, so hoffte ich. Feline nahm die Ente auch sofort in die Schnauze, ließ sie jedoch zu meiner Enttäuschung gleich wieder fallen. Das hatte ich nicht erwartet. Ich hatte gehofft, wenn sie mit der Ente zum Bau trabte, ihr folgen zu können, um diesen endlich zu finden. Mehrfach hatte ich schon tagsüber die Umgebung abgesucht, um den Fuchsbau zu finden, aber immer erfolglos.

Nachdem nun Feline den Stockentenbraten verschmäht hatte, nahm sie ihr üblicherweise spendiertes Abendbrot ein und verzog sich. Da mir dieses Verhalten keine Ruhe ließ, fuhr ich später am Abend mit meiner Frau nochmals in den Wald, um nach der Ente zu sehen. Da ich um diese Zeit - wie oftmals erlebt - Feline irgendwo im Revier auf Beutesuche vermutete, ging meine Frau mit zum Platz, an dem ich Feline die tote Ente angeboten hatte. Die Ente lag nach etwa drei Stunden immer noch dort. Feline mußte aber nicht allzuweit entfernt gewesen sein und den Wagen gehört haben. Als wir zurückgingen, stand sie plötzlich hoch oben auf dem Holzpolter und sah mir entgegen. Glücklicherweise ging meine Frau dicht hinter mir, so daß sie nicht sofort von ihr bemerkt wurde.

Ich rief Feline ein paar beruhigende Worte zu, worauf sie leichtfüßig vom Polter herabsprang, den Waldweg überquerte und durch die Dickungsecke hindurch mir entgegenlief. Meiner Frau flüsterte ich zu, dicht hinter mir stehen zu bleiben. Aber leider kam Feline etwas seitlich versetzt aus der Dickung heraus, sah, daß ich nicht allein war, stutzte erschreckt, warf sich herum und verschwand wie der Blitz in der Dickung.

Obwohl ich an jedem Wochenende mehrere Stunden nach dem Bau suchte, war alles bisher ergebnislos verlaufen. Ich ersann alle möglichen Experimente, aber keines führte zum Erfolg. Meine größten Chancen den Bau zu finden, erwartete ich so ab der vierten Lebenswoche der Welpen. Ab dieser Zeit werden die Jungfüchse zusätzlich mit fester Nahrung versorgt und ich setzte voraus, daß Feline dann häufig ohne Umschweife direkt zum Bau streben würde. Ihr dabei folgend, hoffte ich, zumindest etappenweise, dem Bau näher zu kommen. Bisher jedenfalls entfernte sie sich abends in die verschiedensten Himmelsrichtungen.

Endlich hatte ich eine „brillante Idee", meinte ich. Meine Frau brachte mir ein Suppenhuhn mit, und ich nahm es mit zu Feline. Mittels einer starken unzerreißbaren Kunstfaserkordel, die ich fest an die Hühnerkeulen band, wollte ich Feline folgen, wenn sie die Beute zum Bau schleppte. Die lange weiße Kordel konnte ich gut im Auge oder eventuell sogar in der Hand behalten, um keinen Unfall zu provozieren.

Feline „spielte" anfangs auch mit, und ich folgte ihr über die große Windwurffläche. Fuchs voraus mit Huhn in der Schnauze, ich am anderen Leinenende folgend. In dem Gewirr von herumliegenden Ästen und Kronenresten der vom Wind geworfenen und von den Waldarbeitern bereits aufgearbeiteten Fichten war Feline jedoch etwas schneller als ich. Da sie sehr an der Kordel zerrte, ließ ich das Ende los

Ich wollte unbedingt den Fuchsbau mit den Jungen finden. Aber Feline lief nach unseren Treffen immer in unterschiedliche Richtungen davon. Selbst mein Trick mit dem angebundenen Suppenhuhn mißlang

und folgte ihr in einigem Abstand. In einer leichten, gut einsehbaren Senke verhedderte sich das Band im am Boden liegenden trockenen und sperrigen Geäst. Feline zerrte am vorderen Ende, aber die Kordel hatte sich total verfangen. Aus einer Entfernung von etwa einhundert Meter sah ich, wie sie das Huhn fallen ließ, an der Kordel entlang zurücklief und sich mit dieser befaßte. Dann kehrte sie wieder um, nahm das Huhn auf und verschwand ohne weiteren Aufenthalt in einer kleineren Dickung inmitten der Windwurffläche. Ich kontrollierte nun meinerseits die Kordel, sie war an zwei Stellen wie mit dem Messer glatt durchtrennt. Ich hatte wiederum die hohe Auffassungsgabe und Cleverness der Füchsin unterschätzt. Nun stand ich da und hatte die abgebissene Schnur in der Hand, war aber andererseits, zumindest was die Hauptrichtung zum Bau anbetraf, ein Stück weiter.

Mittlerweile hatte ich des öfteren versucht festzustellen, wie weit mir Feline auf Waldwegen folgen würde und in welcher Entfernung von den gewohnten Futterplätzen sie mir gegenüber noch genauso vertrauensvoll war wie dort. Es konnte ja sein, daß sie mir dieses Vertrauen nur an den von Anfang an gewohnten Orten entgegenbrachte.

An verschiedenen Tagen marschierte ich auf unterschiedlichen Waldwegen eine längere Wegstrecke. Anfänglich nahm ich die ihr bestens bekannte Umhängetasche mit. Ohne großes Zögern lief sie mir nach und manchmal auch etwas voraus, ganz wie es gut erzogene Hunde zu tun pflegen. Und das tat sie später auch ohne daß ich die Tasche dabei hatte. Um es kurz zu machen, wir legten gemeinsam Entfernungen bis zu fünfhundert Meter vom altbekannten Ort des täglichen Treffens zurück, und auch dort nahm sie mir ganz vertraut und ohne besondere Scheu Bissen zur Belohnung aus der Hand.

Am 26. April wurde das auf der Windwurffläche herumliegende trockene, unverwertbare Ast- und Kronenmaterial von Waldarbeitern auf große Haufen zusammengefahren und verbrannt, um einer drohenden Borkenkäfergefahr zu begegnen. Normalerweise ist so ein am Morgen entzündetes Feuer abends heruntergebrannt. Trotz der Beaufsichtigung war bei einem dieser Feuer die Glut in den Waldboden eingedrungen und hatte sich zu einem Schwelbrand entwickelt, der noch tagelang weiter qualmen sollte, obwohl der Förster mit seinen Waldarbeitern mehrmals täglich versuchte, ihn unter Kontrolle zu bekommen. Je nach Windrichtung zogen zwar leichte, aber doch beißende Rauchschwaden über die Fläche. An diesem Tag kam Feline über eineinhalb Stunden später zum Treffpunkt. Sie machte einen verstörten Eindruck und war sehr vorsichtig, nahm mir trotzdem aber wieder einen Bissen aus der Hand. Da Nordwestwind herrschte, zog der Rauch in die entgegengesetzte Richtung und störte uns nicht weiter.

Ich hatte nun endgültig den Entschluß gefaßt, Feline nachzugehen, wenn sie Futter zum Bau brachte. Ansatzweise hatte ich das schon mehrmals getan, aber immer, wenn sie alle zehn, zwanzig Meter vor mir stehenblieb und - wie ich meinte - vorsichtig zurückschaute, hatte ich abgebrochen, um sie nicht unnötig zu ängstigen. Bisher ging ich davon aus, daß sie bei aller Vertrautheit aus Sorge um ihre Jungen am Bau äußerst sensibel und vorsichtig sein würde. Als Feline nun mit einem Fleischstückchen zum Bau davontrabte, ging ich ihr in wenigen Meter Distanz nach.

Mein letzter Versuch den Fuchsbau zu finden war erfolgreich. Feline ging voraus und wartete immer wieder auf mich, damit ich ihr folgen konnte

Feline blieb hin und wieder zurückblikkend stehen. In mir stieg langsam die Ahnung auf, daß sie regelrecht auf mich wartete. Aber sollte das wirklich möglich sein? Wir gelangten so über die gesamte Fläche, wobei sich der Abstand zwischen uns allmählich etwas vergrößert hatte. Mir schwand schon die letzte Hoffnung den Bau zu finden, als ich Feline zielstrebig auf die angrenzende große Fichtendickung zutraben sah. Kurz vor dem Dickungsrand, so etwa dreißig Meter von mir entfernt, war sie plötzlich verschwunden. In der Annahme, daß sie - hinter einer Bodenwelle meinen Blicken verborgen - in der Dickung untergetaucht war, blieb ich abwartend stehen. Wie hingezaubert stand sie urplötzlich wieder dort, wo sie verschwunden war und blickte fast auffordernd zu mir zurück. Ich war wie von Donner gerührt, als sie sich umwandte und unter einem relativ kleinen Wurzelteller verschwand.

Es war endlich wahr geworden, ich hatte Felines Bau gefunden! Oder besser gesagt, sie hatte mich zu ihm hingeführt und das über eine Entfernung von etwa vierhundert Meter Luftlinie.

Vorsichtig ging ich näher heran. Als ich nur noch sechs oder sieben Meter von dem Bau entfernt stand, kam sie wieder heraus und benahm sich zu meiner Überraschung so vertraut wie immer. Erleichtert setzte ich mich in direkter Baunähe auf eine dort verbliebene Stammrolle und gab ihr den geringen Rest der Futterration. Sie nahm die Häppchen zu meinen Füßen auf und trug sie sogleich zu ihren Jungen. Mit schnellen hintereinander geäußerten leisen Lockrufen verschwand sie im Eingang des Baues.

Dieser lag zwischen den Wurzeln des nur leicht angehobenen Wurzeltellers einer vom Sturm gekippten Fichte.

Mehrmals noch erschien Feline an der Erdoberfläche. Entweder blieb sie dann ruhig neben dem Bau stehen oder kam zu mir, um zu schauen, ob ich nicht doch noch einen Leckerbissen für sie hätte. Hin und wieder tauchten hinter ihr die Jungen auf, um aber bald wieder im Bau zu verschwinden. Sie waren zu dieser Zeit etwa fünf Wochen alt. Mit ihren unsicheren, tapsigen Bewegungen wirkten sie drollig und unbeholfen. Im Gegensatz zu ihrer Mutter rea-

Urplötzlich standen wir vor dem Bau, Feline hatte mich zu ihren Jungen geführt! Anfänglich trauten sich die Welpen noch nicht hervor. Später akzeptierten Sie meine Anwesenheit ohne Furcht

gierten sie jedoch auf das Auslösegeräusch der Kamera und flüchteten in ihre unterirdische Behausung. Feline schien dieses Verhalten verständnislos zu beobachten.

Am darauffolgenden Tag ging ich von unserem üblichen Treffpunkt sogleich mit Feline zum Bau, sie schien das ganz normal zu finden. Dort ließ ich mich auf meinem Sitzplatz nieder und teilte ihr die mitgebrachten Fleischstückchen zu. Diese trug sie sofort mit dumpfen Lockrufen zum Bau, wo die Welpen am Eingang schon sehnsüchtig warteten. Sie legte die Nahrung jedoch nicht ab, sondern verschwand mit ihr und den Welpen in der Höhle. Drei Füchslein konnte ich eindeutig feststellen. Na ja, dachte ich, für eine solch junge Mutter beachtlich. Im Normalfall bringt eine Füchsin vier bis sechs Junge zur Welt.

Feline trabte kurz darauf an mir vorbei und verschwand auf der unübersichtlichen Fläche. Sie ging auf Jagd und ließ mich allein am Bau sitzen. Ein schier unglaubliches Verhalten, wenn man weiß, wie überempfindlich normalerweise Fähen am Bau reagieren. In unerschütterlichem Vertrauen mir gegenüber ließ sie ihren Nachwuchs in meiner Obhut zurück. Und diese schienen in ihrer unterirdischen Behausung ruhig und satt zu schlafen.

Nach etwa einer halben Stunde bemerkte ich eine leichte Bewegung hinter mir. Da stand plötzlich Feline mit einigen gefangenen Mäusen, scharrte eine Mulde im Waldboden, deponierte dort ihre Beute, schob mit dem Nasenrücken wieder Erde darüber und trabte erneut davon.

Während ich noch etwas wartete, bemerkte ich, daß von Zeit zu Zeit der Wind auf den Fuchsbau zu drehte und mir den immer noch beißenden Rauch des Schwelbrandes in die Nase trug. Das mußte für die wesentlich empfindlicheren Fuchsnasen sehr unangenehm sein. Die noch schwelende Feuerstelle lag nur etwa dreißig Meter vom Bau entfernt.

Der nächste Tag brachte bereits die Ernüchterung. Feline war wie üblich und pünktlich zur Stelle, doch als ich mit ihr zum Bau gehen wollte, ging sie nur sehr zögernd mit. Unterwegs blieb sie oft stehen, nur wenn ich sie dann lockend rief, kam sie wieder nach. Es hatte den Anschein, als könnte sie nicht verstehen, daß ich unbedingt zum Bau wollte. Dort angekommen nahm sie zwar die abendliche Ration entgegen, verscharrte und vergrub aber alles, bis auf ein paar winzige Bröckchen, die sie sich selbst einverleibte. Zum Bau trug sie gar nichts mehr, er schien wie ausgestorben. Wo mochten nur die Jungfüchse sein, war ihnen gar ein Unglück zugestoßen? Wenn nicht, so konnten sie nur von Feline fortgebracht worden sein, aber wohin?

Nun hatte ich kaum den Bau gefunden, und schon war die Hoffnung, die Welpen aufwachsen zu sehen, in alle Winde zerstoben. Mißmutig machte ich mich auf den Rückweg, Feline eilte voraus. Am alten Treffpunkt angekommen, gab ich ihr das für besondere Fälle reservierte Appetithäppchen, mit dem sie sogleich in der angrenzenden Dickung verschwand. Daraus schloß ich - aber immer noch voller Zweifel -, daß die Jungfüchse zumindest noch am Leben waren. Aber dann mußte natürlich die ganze Sucherei von vorn beginnen.

Am nächsten Abend bemerkte ich, daß Feline immer wenn sie etwas Nahrung in die Dickung davongetragen hatte, sehr bald zurück war. Der neue Bau konnte also gar nicht so weit entfernt sein.

Der folgende, dritte Tag der erneuten Bausuche brachte endgültig die überraschende Lösung. Ich teilte Feline an verschiedenen, relativ weit auseinanderliegenden Punkten nur geringste Portionen zu und beobachtete ihre entsprechenden, sternförmig einem Mittelpunkt zustrebenden Abmarschrichtungen. Kurz darauf war das Rätsel gelöst, ich stand wieder am Ausgangspunkt dieser Fuchsgeschichte, nun aber vor den neu angelegten Holzpoltern! Feline hatte ihre Jungen an genau denselben Ort geführt, an dem sie aufgewachsen war und wo ich sie zufällig vor über einem Jahr erstmals beobachten konnte. Damit hatte ich am allerwenigsten gerechnet.

Immerhin mußten ihre knapp sechs Wochen alten Jungen einen Marsch von fast 500 Meter(!) zurückgelegt haben, und das über diese stark wellige, ansteigende Fläche voller Windwurfteller, trockenem Gezweig und tiefen Fahrspuren der Holzrückefahrzeuge.

Die Rauchschwaden hatten die Mutter mit ihren Jungen aus dem Bau vertrieben. Jetzt begann für mich die Suche wieder von vorn

Von nun ab ging ich täglich mit Feline ohne Umschweife zum Holzpolter. In wenigen Fällen, wenn ich etwas früher als erwartet zum Treffpunkt kam oder Feline sich verspätet hatte, ging ich allein zu ihren Jungen - sie gesellte sich anschließend dazu.

Die ihr zugeteilten Rationen brachte sie mit den bekannten Lockrufen unter die Fichtenstämme, wobei die Welpen ihr meist leise winselnd entgegenliefen. Allmählich wurden sie mir gegenüber vertrauter und gewöhnten sich an meine Person und Stimme.

Nun beobachtete ich auch häufiger wieder Mohrle, mal in einiger Entfernung, mal auch auf kürzeste Distanz, wobei auch er immer wieder versuchte, einige Happen Feline fortzuschnappen. Dabei gab es natürlich Streitigkeiten, bei denen mal der eine, mal der andere die Oberhand behielt. Meistens blieb es aber bei gegenseitigen Drohgesten mit geöffnetem Rachen, zurückgelegten Ohren und mehr oder minder lautem Keckern und Schreien. Zu meiner Überraschung stand Mohrle eines Tages oben auf dem Polter mit einigen gefangenen Mäusen, die er den Jungfüchsen zutrug. Spätestens zu diesem Zeitpunkt wurde mir bewußt, daß es sich bei Mohrle um den „rechtmäßigen" Vater der Welpen handeln mußte. Und ich hatte bisher eigentlich Felix der möglichen Vaterschaft verdächtigt.

Da die Jungfüchse mir gegenüber immer vertrauter wurden, hielten sie sich auch schon mal öfter und länger vor den Stämmen im Freien auf. Nun bemerkte ich, daß es letztendlich acht Welpen waren, die die Füchsin zur Welt gebracht hatte.

Acht Welpen sind schon eine recht hohe Zahl für einen Wurf. Im allgemeinen sind es vier bis sechs, in Ausnahmefällen wurden aber auch schon bis zu zwölf Welpen festgestellt.

Bis auf ein „Nesthäkchen" waren die Füchslein alle ziemlich gleichgroß, doch

Feline hatte die Jungen zu ihrem eigenen Geburtsort, dem Ausgangspunkt unserer Geschichte, unter dem Holzpolter in Sicherheit gebracht

recht unterschiedlich in der Färbung. Obwohl sich ihre Fellfarbe im Laufe der Zeit veränderte, waren dunkelbraune, graubraune und hellbraune bis sandfarbene Exemplare festzustellen. Trotzdem waren sie - bis auf das „Nesthäkchen" - nicht zu unterscheiden, da sie nur selten alle gleichzeitig zu sehen waren und meistens spielend oder sich jagend durcheinanderwuselten.

Schon bald streiften sie einzeln in den Dickungen beiderseits des Weges herum und tauchten mal hier und mal dort in vom Polter aus einzusehenden Lücken oder am Wegesrand auf. Im Zeitverlauf war zu beobachten, daß sie ihre Erkundungsgänge immer weiter ausdehnten.

Oft genug erwarteten mich die Jungfüchse schon, wenn ich meinen abendlichen Besuch machte. Sie kamen dann - ob Feline zuhause war oder nicht - unter den Stämmen hervorgerannt und schauten neugierig, ob ich wohl auch die begehrten Leckerbissen wieder verteilen würde. Jetzt wurden auch die individuellen Unterschiede in der Vertrautheit mir gegenüber deutlich. Während einige bis unmittelbar in meine Nähe kamen, hielten andere doch mehr Distanz. Letztere rannten schnell herbei, um sich einen Leckerbissen zu ergattern und mit ihrer Beute flugs wieder unter den Stämmen oder in der Dickung zu verschwinden.

Auch untereinander wurde um die vermeintlich besten Bissen gestritten und gekämpft. Es war schon beeindruckend, mit welcher Energie sie ihre Beute schreiend und keckernd mit zurückgelegten Ohren und drohendem Gebiß verteidigten.

Genauso wie ich das bereits im Winter bei Felix und Feline beobachtet hatte, versuchten auch die Jungfüchse bei der Verteidigung ihrer Beute die zudringlichen Geschwister oft genug mit dem Hinterteil abzuwehren bzw. fortzuschubsen. Dabei drehten sie sich häufig - das Hinterteil dem jeweiligen Konkurrenten zugewandt - im Kreise.

Mit bewundernswerter Standfestigkeit ertrug Feline das Hin- und Hergeschubse der saugenden Welpen. Sie ließ sich auch durch meine Anwesenheit nicht stören

War Feline anwesend, drängelten sich einige ihrer Jungen häufig an sie, um zu saugen. Manchmal ging sie unwillig zur Seite, meistens jedoch gab sie dem Drängen nach. Im Höchstfall sah ich fünf Welpen gleichzeitig saugen. Auch das Säugen der Welpen geschah mehrfach in meinem Beisein auf geringste Distanz, ohne daß Feline irgendeine Zurückhaltung an den Tag legte. Einmal stand Feline knapp drei Schritte von mir entfernt säugend auf einem Fichtenstamm auf drei Beinen. Das rechte Hinterbein hielt sie erhoben abgewinkelt, so daß die Jungen die Zitzen besser erreichen konnten. Aber auch auf drei Beinen gelang es ihr, dem Hin- und Hergeschubse von vier saugenden Welpen genügend Standfestigkeit zu bieten.

Zu dieser Zeit war bei Feline der Trieb, Nahrung für ihre Jungen zu beschaffen, besonders ausgeprägt. Alles was ich mitbrachte oder bei mir trug, wurde nach Möglichkeit auf die Verwendbarkeit als Futter

Feline ließ mich sogar allein am Holzpolter zurück, um auf ihre spielenden und von Zeit zu Zeit auch schlafenden Jungen aufzupassen, während sie auf Futtersuche ging

überprüft. Immer wieder fiel mir auf, daß sie genau wußte, was sie durfte und was nicht. Wenn Feline etwas stehlen wollte, behielt sie mich unablässig im Auge und wartete einen günstigen Moment ab, in dem ich abgelenkt schien. Oft genug brauchte ich nur deutlich meine Stimme zu erheben, um sie von einem geplanten „Überfall" auf meine Sachen abzuhalten.

Als ich eines Tages am Holzpolter saß und den Jungfüchsen beim Spielen zusah, zwackte sie mal wieder in meine Jacke. Auf mein energisches Schimpfen und Drohen hin setzte sie sich vor mich auf die Hinterbeine, erhob die rechte Vorderpfote und „winkte" mit dieser zweimal - wie beschwichtigend oder um Verzeihung bittend - in Richtung meiner auf dem Knie liegenden Hand! Ich war regelrecht sprachlos. Man kennt solche „Gebärdensprache" ja auch vom Hund, erwartet sie jedoch nicht bei einem Wildtier.

Ein weiteres Beispiel solch einmaliger Vertrautheit erlebte ich einige Tage später.

Eines Tages war nur das „Nesthäkchen" am Holzpolter anwesend. Sie saß ganz verträumt neben den Baumstämmen und schaute mir treuherzig entgegen. Mir fiel spontan der Vers vom Paulinchen ein, das allein zu Haus war. Und fortan nannte ich es Paulinchen

Ich saß auf meinem Sitzhocker und fotografierte die Jungfüchse. Feline spazierte herum oder stand längere Zeit oben auf dem Polter, um den Waldweg zu kontrollieren. Anschließend kam sie herab und setzte sich seitlich zu mir. Wie so oft, war mal wieder der Film in der Kamera viel zu schnell zu Ende und ich mußte ihn wechseln. Das geschah unter den Augen der interessiert zuschauenden Feline. Sie saß dabei nur gut eine Armlänge entfernt; schmunzelnd erklärte ich ihr jeden Handgriff und bedauerte gleichzeitig, daß diese bemerkenswerte Situation nicht von jemandem im Film festgehalten werden konnte. Kurz bevor ich das Kameragehäuse zuklappte, wandte sie sich jedoch ab, erhob sich und trabte zu ihren Jungen. So interessant fand sie die Fototechnik wohl doch nicht, um sich ausgiebig damit zu befassen.

Oftmals, wenn Feline nahe bei mir saß, hatte ich das Bedürfnis sie zu streicheln. Sie duldete meine Hand auch bis auf wenige Zentimeter an ihren Ohren, behielt sie aber immer aufmerksam im Auge. Ich war mir aber letztendlich nicht sicher, ob sie nicht doch meine Finger als etwas Freßbares ansehen und evtl. blitzschnell danach schnappen würde. Es konnte schließlich möglich sein, daß sie annahm, ich wollte ihr einen Bissen reichen.

Mittlerweile hatte ich schon beachtlichen Respekt vor einem Fuchsgebiss bekommen, denn hin und wieder konnte ich erleben, mit welcher Kraft Knochen krachend zerbissen wurden. Also ließ ich es bei dem Gedankenspiel, Feline zu streicheln.

Die Entwicklung der Jungfüchse schritt rasch voran. Am 15. Mai konnte ich sie zum letztenmal bei Feline saugend beobachten. Ab Mitte Mai bildete sich auch das Gesäuge der Fähe langsam zurück.

Manchmal traf ich nur noch wenige Jungfüchse am Holzpolter an. Einmal begegnete mir einer von ihnen am Waldweg, als er sich mit einem etwa dreißig Zentimeter langen und mehrere Zentimeter dicken Ast abschleppte. Er trug ihn über mehrere Fichtenstämme hinweg und über den Weg bis zum Graben. Obwohl ihm das Aststück mehrmals aus dem Schnäuzchen fiel, nahm er es immer wieder auf, um es weiter zu transportieren. Im Graben entschwand er dann meinen Blicken.

Eines Tages war nur das bereits erwähnte „Nesthäkchen" anwesend. Auch Feline ließ sich nicht sehen. Dieses im Wachstum immer noch weit hinter seinen Geschwistern zurückgebliebene Füchslein saß ganz allein und verlassen vor den Fichtenstämmen auf dem Weg und schaute mir treuherzig entgegen. Mir fiel bei diesem Anblick spontan der Vers vom Paulinchen ein, das allein zu Haus war. Und fortan nannte ich es Paulinchen.

Mittlerweile war ein ganzes Jahr vergangen, seitdem ich mich näher mit Feline beschäftigt und ihren Lebenslauf verfolgt hatte, und nun stand die bereits im Vorjahr geplante und abgesprochene Urlaubsreise vor der Tür. Lange hatten wir - meine Frau und ich - überlegt und immer wieder diskutiert, ob wir diese Reise überhaupt antreten oder sie eventuell auf später verschieben sollten. Einerseits hatte ich das anfangs nur im Hinterkopf auf ein Jahr geplante „Unternehmen Fuchs" zeitlich durchgestanden, andererseits konnte ich mich aber nur schwer mit dem Gedanken vertraut machen, die mir so ans Herz gewachsene Fuchsfamilie „im Stich zu lassen". Selbstverständlich konnte es auch sehr interessant sein zu erfahren, wie sich die Füchse nach meiner dreiwöchigen Abwesenheit

Die gegenseitige Fellpflege gehört zu den wichtigen sozialen Verhaltensweisen der Füchse

mir gegenüber verhalten würden. Wenn die Angelegenheit auch ähnlich der des Vorjahres war, so war sie doch insofern anders, als daß es sich jetzt um das Vertrauensverhältnis zu zwei Altfüchsen und ihren Jungen handelte. Der Entschluß war also lange herangereift und der Urlaubstermin wurde für Ende Mai bis Mitte Juni festgelegt. Aber bis dahin waren es noch einige Tage.

Mohrle - der Vater - war jetzt öfter am Polter oder in dessen Nähe zu sehen. Wurden die Welpen seiner ansichtig, sprangen sie ihm freudig entgegen und versuchten sich bettelnd an ihn zu drücken. Brachte er Beute mit - meist Mäuse oder wiederausgegrabene Fleischstücke - gab er sie bereitwillig den Jungen. Sprangen sie ihm aber an den Hals oder warfen sich vor ihm auf den Rücken, um ihn mit strampelnden Beinen zum Spielen aufzufordern, lehnte er solches Ansinnen kategorisch ab. Überhaupt versuchten die Welpen viel häufiger mit ihrem Vater zu spielen als mit der Mutter, möglicherweise weil sie Mohrle doch wesentlich seltener zu Gesicht bekamen. Aber auch Feline habe ich nie mit ihren Jungen spielen sehen. Dagegen war jedoch hin und wieder zu beobachten, daß sie ihnen leckend oder knabbernd das Fell pflegte.

Kurz vor Ende Mai bemerkte ich, daß Mohrle eine Verletzung am rechten Hinterbein hatte, insbesondere im Pfotenbereich war es stark geschwollen und schwärzlich gefärbt. Es sah sehr nach einer bösartigen Entzündung aus. Trotzdem trug er, stark hinkend, seinen Jungen Nahrung zu, wobei ich nicht immer identifizieren konnte, um was es sich im einzelnen handelte. Eine Verletzungsursache war nicht zu erkennen, obwohl er mir manchmal sehr vertraut bis auf vier oder fünf Meter nahe kam. Allem Anschein nach war die Verletzung für ihn sehr schmerzhaft, denn nur selten setzte er das Hinterbein leicht am Boden auf. Bis zum vorläufigen Abschluß

Meistens erwartete mich die Fuchsfamilie schon sehnsüchtig zur „verabredeten" Zeit am Fuchstreffpunkt. Feline lief dann nicht selten die letzten hundert Meter dicht neben oder hinter meinem Wagen her.
Der vorwitzige Rabautz (Foto unten) wurde neben Paulinchen mein Liebling unter den Jungfüchsen

meiner Beobachtungen war keine Besserung zu erkennen.

Der Monat Mai neigte sich dem Ende zu, und ich brach damit meine einjährige intensive Beobachtungsreihe an den mir so sehr vertraut gewordenen wildlebenden Füchsen ab. Es fiel mir nicht leicht, aber irgendwann mußte ich diesen herben Schnitt machen. Oder unterbrach ich diese Serie nur? Ich hoffte darauf und rechnete insgeheim auch damit, hin und wieder dem einen oder anderen meiner Füchse wieder zu begegnen. Aber wie werden sich diese dann verhalten und werden sie mich wiedererkennen oder gar noch so vertraut sein wie vorher? Wie wird es dem kranken Mohrle ergehen, wird er diese unangenehme Verletzung überstehen?

Trotz täglich interessanter Naturerlebnisse in den Wäldern und Mooren Schwedens, schweiften die Gedanken oft zu Feline und Anhang in die heimatlichen Gefilde zurück und waren häufig genug der Gesprächsstoff am abendlichen Kaminfeuer.

Der 20. Juni war der Tag der Wiederankunft. Am gleichen Abend noch schaute ich voller Ungewißheit und gespannter Erwartung nach meinen Füchsen.

Langsam fuhr ich den Waldweg entlang bis zum üblichen „Parkplatz" hinter den

Fichtenpoltern. Bis auf ein paar Vogelstimmen war alles ruhig, kein Fuchs ließ sich blicken. Kaum war ich aber wenige Schritte auf und ab gegangen, dabei mehrmals laut sprechend, sprangen mehrere Jungfüchse aus dem Graben auf den Weg. In einiger Entfernung schauten sie zu mir herüber und nach wenigen Lockrufen trabten sie heran. Und nun erkannte ich auch Paulinchen wieder, sie war mittlerweile ein Stück gewachsen, aber noch immer auffällig kleiner als ihre Geschwister. Paulinchen sowie ein sehr hellgefärbter, gelblicher Jungfuchs waren am vertrautesten. Sie näherten sich mir bald wieder bis auf einen Meter Entfernung.

Nur von Feline und Mohrle war - obwohl ich über eine Stunde wartete - weit und breit nichts zu sehen. War ihnen in der Zwischenzeit vielleicht etwas zugestoßen? Die nächste Zeit mußte darüber Klarheit bringen. Bereits am folgenden Tag, kaum

war ich aus dem Wagen gestiegen, stand Feline wie gerufen am Dickungsrand. Wie hatte sie erfahren, daß ich wieder im Lande war? Hatte eventuell ein entsprechendes Verhalten der Jungfüchse ihr darüber Aufschluß gegeben?

Im ersten Augenblick war sie noch ein wenig vorsichtig. Hinter einigen höheren Grasbülten etwas verdeckt, schaute sie aufmerksam zu mir herüber. Mein aufmunterndes Zureden ließ jedoch bald ihre Zurückhaltung schwinden, daraufhin trabte sie näher heran. Scheinbar immer noch ein bißchen skeptisch nahm sie gleichwohl die angebotenen Leckerbissen auf.

Nicht lange danach kamen vier oder fünf Jungfüchse hinzu, um sich ebenfalls schnell einige der begehrten Happen zu sichern. Wie bereits am Vortag war ein sehr unterschiedliches Verhalten der Jungfüchse festzustellen. Während Paulinchen und ihr großer, heller Bruder - daß es ein junger Rüde war, stellte ich etwa zwei Wochen später fest - äußerst vertraut waren, war das bei den übrigen keineswegs der Fall. Immerhin wagten sie sich doch während meines Beiseins kurzzeitig aus der versteck- und sicherheitsgewährenden Dickung heraus, um sich einen kleinen Anteil der Nahrungsbröckchen zu ergattern.

Schon am dritten Tag nach meiner Rückkehr fraß mir Feline wieder aus der Hand, das alte Vertrauen war wieder völlig hergestellt. Vorübergehend hinkte sie erneut mit dem rechten Vorderbein, aber das war nach einigen Tagen auch schon wieder vorbei.

Folgende Begebenheit trug sich während unserer Abwesenheit im Fuchsrevier zu. Zwei befreundete Paare aus dem Wesertal hatten sich zu einer Waldwanderung verabredet, die sie eines schönen Nachmittags auch antraten. Zur Stärkung für unterwegs hatten sie einen gut gefüllten Picknickkorb dabei. Der Weg führte am bekannten Holzlagerplatz am „Fuchsweg" vorbei. Hier angekommen, fanden sie, daß dies nicht nur der geeignete Ort sondern auch der Zeitpunkt wäre, sich schon einmal für die folgende Wegstrecke zu stärken.

Es war ausreichend vorgesorgt, so daß trotz des redlichen Appetits der Korb noch gut gefüllt war, als der Marsch fortgesetzt werden sollte. Da der Rückweg wieder hier vorbeiführte, erschien es sinnvoll, Speis und Trank am Ort zu belassen. Hinter den Fichtenstämmen fand sich auch schnell ein Plätzchen, wo der Korb gut versteckt abgestellt werden konnte. So begab man sich unbeschwert und ohne sich weiter mit der Verpflegung abschleppen zu müssen, wieder auf den Weg.

Es wurde eine ausgedehnte Wanderung. Nach etwa zweistündigem Energieverbrauch näherten sich die vier wieder dem Rastplatz und freuten sich schon auf die zurückgelassene Mahlzeit. Als sie am herbeiersehnten Ziel ankamen, erlebten sie allerdings eine unerwartete Überraschung. Schon aus einiger Entfernung war zu bemerken, daß der so gut versteckte und sichergeglaubte Picknickkorb umgestürzt neben den Baumstämmen am Boden lag. Messer und Gabeln, Löffel und Trinkbecher lagen wild verstreut umher, hier und dort flatterten Servietten herum. Das bunte Tafeltuch, auf der die köstlichen Dinge zum Verzehr einladend ausgebreitet werden sollten, lag zerzaust am Wegesrand. Von Brot, Wurst und Käse fand sich keine Spur mehr, ein Schmalztöpfchen sowie Joghurtbecher lagen säuberlich ausgeleckt verstreut umher. Es sah aus, als hätten die Vandalen gehaust.

Zuerst hub ein allgemeines Geschrei an, in das sich bald aber unsicheres bis erleichtertes Gelächter mischte. Nun begann eine ausgiebige und mühevolle Sucherei nach den Eßbestecken, teilweise lagen diese unter den Jungfichten am Dickungsrand. Doch mit einem oppulenten Mahl war es nun vorbei. Alles was einigermaßen zum Verzehr geeignet war, war verschwunden und so mußten sich die Wandersleute nun hungrig auf den Rückweg machen.

Sicherlich haben Sie, liebe Leser, längst erahnt, wer für diese Missetat infrage kommt. Natürlich Feline nebst Anhang.

Selbstverständlich war meine Fuchsfamilie felsenfest davon überzeugt, daß ich in guter Absicht diese Leckerbissen für sie dort abgestellt und ihnen zu solchen hochwillkommenen Genüssen verholfen hatte. Aber solche Mengen, und dazu noch Servietten, Tischtuch und Eßbestecke, das hatten sie noch nie erlebt. Auf jeden Fall hatte es vorzüglich gemundet und das Tischtuch war außerdem noch zum Spielen und Zerren bestens geeignet.

Ein zufälliges Treffen zwischen dem Revierförster und einem Teilnehmer der mit Magenknurren endenden Wanderung konnte am nächsten Tag Licht in diese düstere Geschichte bringen.

Paulinchens Bruder, den hellen, relativ großen und starken Jungfuchs nannte ich zur Unterscheidung und aufgrund seines täglich erneut unter Beweis gestellten Durchsetzungsvermögens „Rabautz". Sehr häufig ging er vehement gegen Paulinchen, aber auch gegen seine Mutter Feline vor, wenn sie einen vermeintlich größeren oder besseren Bissen abbekommen hatten und versuchte, ihnen diesen abzujagen. Wenn Paulinchen ihren Anteil nicht schnell genug irgendwo außer Sichtweite in Sicherheit brachte, rannte oder sprang er sie regelrecht über den Haufen. Mehrmals flüchtete auch Feline schreiend vor dem Ungestüm. Oft genug versuchte Paulinchen sich keckernd schreiend und mit dem Gebiß drohend zur Wehr zu setzen, wobei sie ihn auch schon mal ansprang, meist jedoch ohne Erfolg.

Regelmäßig warteten Feline, Paulinchen und Rabautz jetzt jeden Nachmittag auf mich. Wenn ich - auch ohne ihnen etwas zum Verspeisen zuzuwerfen - einen Waldweg entlang ging, folgten die drei mir auf Schritt und Tritt. Saß ich auf einem Baumstubben und die Ration war verspeist, setzten oder legten sie sich meist in meine

Nur selten war Feline bereit, mit ihren Jungen intensiv zu schmusen. Viel lieber legte sie sich ins Gras und hielt ein Schläfchen. Hier ist es Rabautz, der erfolgreich der Mutter auf den Pelz gerückt ist

Die tägliche Fellpflege führte Feline bereitwillig aus. Besonders im Hals-, Nacken-, Brust- und Hinterkopfbereich wurde gewissenhaft geknabbert

Das Familienidyll: Vater, Mutter und vier Kinder - ein bisher wohl einmaliges Fotodokument von wildlebenden Füchsen

unmittelbare Nachbarschaft, um sich zu ruhen oder zu spielen. Letzteres traf jedoch nur auf beide Jungfüchse zu, währenddessen Feline sehr häufig mehr oder weniger fest schlief. Als eines Tages eine Rotte Wildschweine in einer Entfernung von etwa 100 Meter schnaubend und grunzend vorüberzog, hob sie nur kurz lauschend den Kopf, um aber gleich darauf weiterzuschlafen. Sie selbst schien sich in meiner Gegenwart sehr sicher zu fühlen und genoß scheinbar den entspannten Schlaf zu meinen Füßen.

Der wurde nur von Zeit zu Zeit unterbrochen, wenn Rabautz und Paulinchen zu wild tobten. Außer daß sie blinzelnd zu ihnen hinschaute, ließ sie sich dadurch jedoch nicht stören, solange sie nicht selbst in dieses Geschehen mit verwickelt wurde. Kamen die beiden Jungfüchse während ihrer Balgerei Feline jedoch zu nahe, wurden sie mit geöffnetem Rachen und „Schnarchlauten" barsch angefahren. Auch wenn sich einer der beiden unmittelbar zu ihr setzte oder legte, wurde er oft auf dieselbe Art und Weise mißmutig abgewiesen. Oder Feline stand auf, trabte einige Schritte zur Seite und legte sich dort erneut zur Ruhe.

Oft geschah es jedoch, daß Paulinchen und häufiger noch Rabautz sich vor Feline hinstellten und ihr Hals und Nacken darboten. Dann durchknabberte sie ihnen das Fell, besonders im Hals-, Nacken-, Brust- und Hinterkopfbereich, um wahrscheinlich Zecken oder ähnliche Plagegeister zu entfernen. Mehrmals beobachtete ich solche „Säuberungsaktionen" auch von Rabautz an seiner Mutter Feline, wobei diese mit geschlossenen Augen dann wohlig murrte. Diese Sozialpflege habe ich bei den Jungfüchsen untereinander jedoch nie beobachten können.

Einmal legte sich Paulinchen in erwartender „Spielaufforderungshaltung", genauso wie es Jungfüchse miteinander tun, den Kopf mit aufgestellten Ohren auf die ausgestreckten Vorderläufe gelegt, nahe vor mich auf den Boden. Als ich aber - sehr amüsiert über dieses vertrauensvolle Verlangen - behutsam auf sie zuging, verließ sie jedoch der Mut und langsam rückwärts kriechend vergrößerte sie wieder den Abstand zwischen uns.

Zu meiner großen Überraschung erschien eines Tages gegen Ende Juni so ganz beiläufig wieder Mohrle an unserem Treffpunkt und vervollständigte das Familienidyll. Über vier Wochen lang hatte ich ihn nicht mehr gesehen. Besonders freute mich, daß von seiner schweren Verletzung am rechten Hinterbein absolut nichts mehr zu bemerken war, er hatte diese böse Geschichte also gut überstanden. Dieses dokumentiert wiederum die enorme Widerstandskraft, mit der sich Wildtiere in der Natur behaupten können.

Während Feline nur den Kopf hob und zu Mohrle hinschaute, sprangen Rabautz und Paulinchen ihm sofort freudig entgegen. Aber obwohl sie sich ihm an den Kopf schmiegten und an den Hals sprangen oder sich strampelnd auf dem Boden wälzten und dabei winselten, konnten sie ihn nicht zum Spielen verführen. Mohrle lehnte kategorisch ab, und wenn sie gar zu aufdringlich wurden, reagierte er sehr gereizt. Das ging sogar soweit, daß er die beiden mit aufgerissenem Rachen und heiser „schnarchend" verfolgte.

Rabautz und Paulinchen rannten dann ängstlich schreiend vor ihm her, immer im Kreis herum, bis er wieder von ihnen abließ. Daraufhin hielten sie zumindestens eine zeitlang Mohrle gegenüber etwas mehr Distanz. Nie sah ich jedoch, daß er einen der beiden zudringlichen Kerlchen ernstlich gebissen hätte.

Mehrmals kam mir Mohrle - auch in den nächsten Tagen - bis auf eineinhalb Meter nahe, wobei er mich ständig im Auge behielt, ohne jedoch besonders ängstlich zu sein. Als ich mal einige Schritte beiseite gegangen war, um Fotos von Rabautz und Paulinchen zu machen, ging Mohrle zu meinem Sitzplatz und zerbiß den Abschlußstopfen des dort liegenden Sitzkissens. Erst als ich laut mit ihm schimpfte, zog er sich etwas zurück. Mohrle erschien in der folgenden Zeit sporadisch mal ein paar Tage hintereinander, um dann aber wieder einige Tage durch Abwesenheit zu glänzen.

Obwohl er mich meistens beobachtete, geschah es aber auch, daß er sich beispielsweise in mehreren Metern Entfernung auf einen Stubben setzte und mir dabei den Rücken zuwandte. Mohrle sicherte so über die offene Fläche zur Dickung, wohlbewußt daß ihm von meiner Seite keine Gefahr drohte. Ging ich jedoch direkt auf ihn zu, zog er sich - ohne die Flucht zu ergreifen - zurück beziehungsweise ging mir aus dem Weg.

Der „fotografierende Fuchs". Feline inspizierte meine Kamera mit Stativ auf ihre Verwertbarkeit als Nahrungsquelle.
Ganz links das wohl weltweit erste Foto, das ein wildlebender Fuchs aufgenommen hat

Wie bereits kurz erwähnt, wurden von Feline alle möglichen Dinge, die ich bei mir trug bzw. ablegte oder abstellte, auf ihre Verwendbarkeit hin überprüft. Aber

auch Mohrle, Paulinchen und ganz besonders Rabautz versuchten jetzt immer öfters, sobald ich mich nur einige Schritte abseits befand, sich meiner Tasche oder dem Sitzkissen zu nähern, bzw. diese Gegenstände zu beschnuppern oder gar mit den Zähnen zu prüfen. Dabei schielten sie, wie es schien mit schlechtem Gewissen oder ein „Donnerwetter" befürchtend, immer wieder zu mir herüber. Letztendlich gelang es aber Feline eines Tages, dem Sitzkissen den Garaus zu machen. Sie schien zu ahnen, daß ich ja ein zweites besitze.

Einmal bemerkte ich, daß Feline mein seitwärts abgestelltes Stativ mit Kamera neugierig inspizierte. Sie stellte sich dabei mit den Vorderbeinen auf eines der Stativbeine, um die Kamera zu beschnuppern. Es sah tatsächlich so aus, als wollte sie nun auch noch das Fotografieren erlernen. Da ich wegen des ungünstigen Blickwinkels nicht schnell genug mit der Zweitkamera zur Hand war, stellte ich das Stativ auf einen günstigeren Platz, darauf hoffend, daß Feline diese Inspektion nochmals wiederholen würde. Das geschah nach längerer Zeit auch wie vermutet, und ich konnte einige Fotos von der „fotografierenden" Feline machen. Kurz danach biß sie jedoch in die Gummi-Gegenlichtblende des Objektivs und riß diese mit einem Ruck in zwei Teile, ohne daß ich das noch verhindern konnte.

Ein anderes Mal hat sie tatsächlich den Kameraverschluß per Fernauslöser betätigt. Nachdem ich einige Dokumentationsfotos von mir selbst mit den Füchsen mittels Auslösekabel gemacht hatte, hing ich das Kabel außer Reichweite der Füchse in die Zweige der nahestehenden Fichten. Ohne daß ich es gleich bemerkte, baumelte der Auslöseknopf etwa einen halben Meter über dem Erdboden, für Feline natürlich selbstverständlich eine Aufforderung auch diesen zu testen. Erst am Auslösegeräusch der Kamera bemerkte ich was geschehen war. Abgelenkt durch Rabautz und Paulinchen, denen ich beim Spielen zuschaute, hatte ich Feline aus den Augen gelassen. Das Foto zeigt leider nur ein paar Baumkronen schräg im Bild - und die auch noch unscharf - da ich ja die Kamera mit dem Stativ achtlos beiseite gestellt hatte.

Es wird aber trotz dieser Schwächen wohl weltweit das erste Fotodokument sein, das ein freilebender Fuchs selbständig zustande brachte!

Sehr oft begleiteten mich die drei Füchse - an einem Abend zusätzlich auch noch Mohrle - nach unserem abendlichen Treffen zum Wagen. Sie standen bzw. saßen bei meiner Abfahrt dann auf dem Weg und schauten mir nach, bis ich sie im Rückspiegel aus den Augen verlor.

Zum ersten Mal nahm gegen Ende Juni

Der heiße Sommer machte auch den Füchsen zu schaffen. Immer wieder gingen sie zu den Pfützen, die sich nach den Gewitterschauern gebildet hatten, um zu trinken

auch Rabautz mir Bissen aus der Hand. Er näherte sich mir dabei ganz vertrauensvoll ohne Scheu und nahm selbst kleine Bissen sehr vorsichtig aus meinen Fingern, ohne hastig zuzubeißen. Er zog sich dann auch nicht - wie Feline oft - ein wenig zurück, sondern verzehrte ihn unmittelbar vor mir stehenbleibend.

Paulinchen war auch in dieser Beziehung vorsichtiger und längst nicht so dreist wie Rabautz. Sie näherte sich mit dem Schnäuzchen meiner Hand bis auf wenige Zentimeter, zog sich dann jedoch langsam wieder zurück.

Doch eines Tages, Anfang Juli, hatte auch sie sich überwunden und nahm die dargereichten Bissen aus der Hand. Das war jedoch nur möglich, wenn Rabautz nicht in der Nähe war. Denn sobald er - selbst aus einiger Entfernung - auch nur erspähte, daß sich Paulinchen meiner Hand näherte, sprang er sofort mit Vehemenz dazwischen. So ließ ich schon mal lieber das Bröckchen fallen, um nicht von seinen achtunggebietenden Zähnen erwischt zu werden. Oft gelang es mir, ihn und ebenso Feline mit einem weiter fortgeworfenen Bissen abzulenken, um schnell Paulinchen etwas zukommen zu lassen. Sie konnte einem schon manchmal ein bißchen leid tun, wenn sie schüchtern abseits stand und sich nicht nähertraute, weil Feline und Rabautz sich heftig um einen Bissen stritten.

Bei einem kurzen, aber starken Gewitterschauer suchte ich Unterschlupf im Wagen. Feline, Rabautz und Paulinchen blieben in der Nähe, verzogen sich bei dem stärksten Regen jedoch auch ein wenig in die schützende Fichtendickung, hierbei konnte ich beobachten, daß ihnen weder bei Blitzen noch bei heftigem Donnergrollen eine schreckhafte oder gar ängstliche Reaktion anzumerken war. An solche Naturerscheinungen hatten sie sich längst gewöhnt.

Die auch in den nächsten Tagen anhaltende Hitze machte selbst den Füchsen zu schaffen, sie waren jetzt deutlich inaktiver. Wenn sie sich zu mir setzten oder legten, suchten sie regelmäßig ein schattiges Plätzchen, sei es unter einer kleinen Fichte, hinter einem Baumstubben oder sogar hinter einer größeren Grasbülte. Dort ruhten sie dann oft längere Zeit, wobei sie dauernd hechelten. Sie vermieden dann sehr auffällig auch Körperkontakt untereinander. Näherte sich einer der beiden Jungfüchse Feline zu sehr, wurde er mit geöffnetem Rachen energisch fauchend zurückgewiesen.

Häufig gingen sie zwischendurch - manchmal sogar gemeinsam - zu den Pfützen, die sich nach dem Gewitterregen auf dem Waldweg gebildet hatten, um ausgiebig zu trinken. Dann warnten oft Wiesenpieper und Neuntöter - der auch in diesem Jahr wieder in der Nähe seine Jungen aufzog - von einer Fichtenspitze herab.

Einmal beobachtete ich, wie ein Neuntöter in rasantem Sturzflug von einer Fichte herab den trinkenden Rabautz von hinten anflog, um ganz dicht über ihm wieder abzudrehen und zu seinem Sitzplatz zurückzukehren. Rabautz zuckte durch das

Fluggeräusch erschreckt zusammen und schaute verdutzt dem abfliegenden Vogel nach.

Am 5. Juli sah ich letztmalig Mohrle, der in der letzten Zeit fast täglich seine Aufwartung gemacht hatte. Waren ihm letztendlich Rabautz und Paulinchen mit ihrer aufdringlichen Bettelei um Zuwendung und Spiel zu lästig geworden und hatte er deswegen das Revier verlassen? Ein anderer Grund für sein Fernbleiben war einstweilen nicht zu erkennen.

Eines Abends hatten mich Feline, Rabautz und Paulinchen zu Ende unseres Stelldicheins zum Wagen begleitet. Dort angekommen blieben sie am Wegesrand stehen, um wie üblich meiner Abfahrt zuzuschauen, als sich auf größere Entfernung ein Pkw näherte. Etwas zögerlich verharrten sie noch einen Augenblick, wohl ob meiner Anwesenheit sich doch ein wenig sicherer fühlend. Als erste flüchtete jedoch Feline und als der Wagen auf etwa 80 Meter herangekommen war, verschwanden auch beide Geschwister in der Dickung. Der Wagen hielt bei mir an. Der Fahrer - ein Waldarbeiter auf der Heimfahrt - hatte beide Jungfüchse gerade noch verschwinden sehen, er hatte bereits von der Fuchsgeschichte gehört und war erfreut, mal zwei der Füchse kurzzeitig beobachtet zu haben. Nachdem wir noch ein paar Worte gewechselt hatten, setzte er seinen Weg fort. Etwa acht bis zehn Minuten später hatten sich alle drei roten „Flüchtlinge" wieder bei mir eingefunden.

Von Zeit zu Zeit wiederholten wir die Versuche, die Füchse gemeinsam mit mir im Foto zu dokumentieren, ohne daß ich mit dem Fernauslösekabel hantieren mußte. Meine Frau sollte in einiger Distanz mit der Tele-Kamera, bei heruntergedrehter Seitenscheibe, still im Wagen sitzen bleiben und fotografieren. Sie durfte auf keinen Fall sprechen und mußte auffällige Bewegungen vermeiden. Da ich selbst jedoch mit den Füchsen sprach und hin und wieder meiner Frau einen Tip zur Kameraeinstellung gab, antwortete sie mir einmal unbeabsichtigt. Alle drei anwesenden Füchse stutzten, schauten zum Wagen hin und sprangen darauf augenblicklich in die Dickung. Trotz Rufen meinerseits waren sie nicht wieder hervorzulocken.

So ab Anfang August, nachdem ich mich weit über ein Jahr lang täglich einmal mit Feline und ihrer Familie getroffen hatte, unterbrach ich diese bisher konstant durchgeführten Besuche. Es lag mir daran festzustellen, ob sich ihr Verhalten und Vertrauen mir gegenüber änderte, wenn ich ihnen wöchentlich nur zwei- bis dreimal einen Besuch abstattete. Andererseits wollte ich erfahren, ab welchem Zeitpunkt Feline ihre mittlerweile fast erwachsenen Jungen aus ihrem Territorium vertreibt - wie es in der Literatur beschrieben wird.

Rabautz war zu diesem Zeitpunkt bereits größer als seine Mutter. Wenn er und Paulinchen sich Feline zu sehr näherten, konnte sie schon recht grob zu ihnen werden, duldete die beiden aber ohne Einschränkung, wenn ein wenig auf körperliche Distanz geachtet wurde. Diese gegenseitige Duldung wurde aber sofort unterbrochen, wenn es um etwas Nahrhaftes ging. Mehrmals fauchte Feline mit drohendem Gebiß den nahe vor ihr stehenden Rabautz aggressiv an. Er streckte dann die Schnauze himmelwärts und bot ihr die ungeschützte Kehle dar, solches Verhalten löst beim Gegner eine Beißhemmung aus. Von den anderen Jungfüchsen sah ich nur noch gelegentlich einen, meistens in einiger Entfernung über einen Weg huschen.

Feline hatte mittlerweile ihr restliches Winterhaar verloren und damit ihr struppiges Aussehen gegen ein glattes, rotes Sommerfell vertauscht.

Nach so häufig beobachteten und immer fehlgeschlagenen Versuchen der Füchse, einen vorbeiflatternden Schmetterling zu fangen, gelang es Feline nun doch einmal einen solchen zu erwischen. Mit zwei, drei Schluckbewegungen war er verzehrt, es handelte sich um einen der häufigsten, nämlich um einen sogenannten „Kleinen Fuchs". Aber das war sicherlich Feline nicht bekannt.

Ein anderes Mal sah ich, wie sie auf einem Holzpolter stehend an - in diesem Falle nicht zu hoch hängende - Himbeeren gelangte und sie sich schmecken ließ.

Anfangs waren die Füchse noch regelmäßig zu „unseren" Terminen zugegen, doch bald mußte ich auch mal etwas warten. Hin und wieder betätigte ich durch kurzes Antippen - besonders wenn ich mal

vorzeitig vor Ort war - so sanft wie möglich die Hupe, um meine Freunde auf meine Ankunft aufmerksam zu machen. Auch das hatten sie schnell begriffen. So konnte ich sie, wenn sie nicht außer Hörweite in einem Versteck schlummerten, zum baldigen Erscheinen am Treffpunkt veranlassen. Je nach Entfernung, die sie zurücklegen mußten, trafen sie oft schon nach einigen Minuten bei mir ein. In Ausnahmefällen aber dauerte es auch schon mal etwa zwanzig

Minuten oder länger, besonders wenn es sehr windig oder stürmisch war.

Am 24. August war Rabautz letztmalig anwesend. Junge Rüden verlassen frühzeitiger das Revier in dem sie aufwuchsen, um sich ein eigenes zu sichern.

Anfang September tauchte nach über achtwöchiger Abwesenheit wie zufällig Mohrle wieder auf. Zwischen ihm und Feline gab es jedoch erheblichen Streit, wenn beide sich zu nahe kamen. Sie legten sich gegenüber in Lauerstellung, schrien sich keckernd an und verfolgten sich auch schon mal gegenseitig, wobei mal der eine und mal der andere der Verfolgte war. Sie duldeten sich aber, wenn eine Distanz von etwa einem Meter oder mehr zwischen ihnen lag.

Besonders auffällig war das Verhalten von Vater und Tochter untereinander. Paulinchen wälzte sich laut wimmernd vor Mohrle hin und her, sich dabei mehrmals

Unterwürfig, hin- und hergerissen zwischen Angst und Freude, begrüßte Paulinchen ihren Vater. Mohrle zeigte aber selten Verständnis für dieses Verhalten und wendete sich desinteressiert ab

um die eigene Achse drehend. Sie schien sich in einer Konfliktsituation zwischen Freude und Angst zu befinden und konnte sich kaum beruhigen. Mohrle stand daneben und schaute ihr einige Zeit scheinbar verständnislos zu. Erst als er davontrabte, beruhigte sich auch Paulinchen wieder.

Feline aber wurde im Laufe des Septembers immer unverträglicher gegenüber ihrer Tochter. Besonders wenn diese ihrer Mutter zu nahe kam, wurde sie aggressiv vertrieben. Sehr oft nahm Paulinchen wimmernd und mit eingeklemmtem Schwanz eine Demutshaltung gegenüber Feline ein, diese ließ sich dadurch meistens auch beschwichtigen.

Eines Tages, als Feline noch nicht anwesend war, sprang Paulinchen mehrmals freudig erregt und voller Erwartung um mich herum, um mir dann wieder auf dem Weg tänzelnd vorauszueilen. Es machte geradezu den Eindruck, als wenn ein Hund freudig sein lange vermißtes „Herrchen" begrüßt.

Im Oktober war Paulinchen nur noch an wenigen Tagen, an denen ich meine Füchse aufsuchte, zugegen. Feline jedoch kam immer noch regelmäßig. Hatte sie ihre Tochter bereits so stark eingeschüchtert, daß diese das Revier mied?

Hin und wieder machten sich bereits die Vorboten des Winters, wie Frost und Reif, bemerkbar. An verschiedenen Tagen zogen große Verbände Kraniche auf dem Weg zu ihren Winterquartieren über den Wald dahin. Ebenso waren häufig Finken- und Drosselschwärme auf dem Zug nach Süden zu beobachten. Auch das Rehwild hatte sich mittlerweile auf die bevorstehende kalte Jahreszeit eingestellt. Eine Ricke mit Kitz im dichten graubraunen Winterhaar bummelte vertraut über den Waldweg.

Die Vorsicht Felines gegenüber anderen Menschen wurde eines Tages nochmals besonders deutlich. Das Verhalten des Tieres studierend, saß ich in einem leicht hügeligen Altbuchenbestand, Feline einige Meter entfernt. Plötzlich sprang sie auf und blickte aufmerksam, jede Sehne gespannt, in eine Richtung. Ich konnte dort absolut nichts Verdächtiges wahrnehmen. Nach einigen Sekunden warf sie sich herum und war mit wenigen Sprüngen blitzschnell in der nahegelegenen Dickung verschwunden. Um der Ursache auf den Grund zu gehen, begab ich mich meinerseits in die von ihr anvisierte Richtung. Kurz darauf erschien in knapp 100 Meter Entfernung hinter einer Bodenwelle ein Pilzsucher, der in gleichbleibender Entfernung, die Augen auf den Boden gerichtet, seitlich an mir vorbeiwanderte. Ich hätte ihn wahrscheinlich, ohne die Aufmerksamkeit Felines, überhaupt nicht wahrgenommen.

Gegen Mitte November erschien Mohrle wieder, von nun an bis zum Ende dieser Aufzeichnungen sogar regelmäßig. Nachdem ich ihn über zweieinhalb Monate nicht gesehen hatte, war er so zutraulich wie vordem. Nach kurzer Zeit hatte auch er die letzte Scheu überwunden und nahm ein dargereichtes Fleischstückchen aus der Hand entgegen. Danach trat er zwei, drei Schritte zurück und verzehrte vor mir stehenbleibend in aller Ruhe diesen Bissen.

Es ist schon ein ganz besonderes Gefühl, wenn einem durch ein freilebendes Wildtier ein solches Vertrauen entgegengebracht und man sozusagen als gleichwertiges „Familienmitglied" in diese Gemeinschaft einbezogen wird. Es ist immerhin noch kein Jahr vergangen, seitdem ich Mohrle zum erstenmal sah, und schließlich war er zu diesem Zeitpunkt schon ein ausgewachsenes Tier. Im Unterschied dazu hatte ich Feline und ein Jahr später Rabautz und Paulinchen bereits als Welpen nach und nach an mich gewöhnt.

Auch Paulinchen kam jetzt wieder regelmäßig, hielt aber meistens etwas Distanz, wenn Feline oder Mohrle anwesend waren. Mehrmals geschah es, daß Paulinchen mir gegenüber eine Demutshaltung einnahm statt sich zurückzuziehen, wenn ich mich ihr auf kurze Distanz näherte. Sie hockte sich dann mit „Katzenbuckel" und eingeklemmtem Schwanz vor mich hin, dabei mit angelegten Ohren und geöffnetem Rachen leise winselnd.

Im Laufe der langen Zeit, in der ich mich so intensiv mit der Sippe Reinecke befaßte, hatte sich ihr Vertrauen mir gegenüber in einem Maße gefestigt, wie ich es zu Beginn für unmöglich gehalten hatte.

Nur aufgrund dieser Tatsache waren aber auch die individuellen Merkmale, mit der sich die Tiere untereinander unterscheiden

Die häufigsten Streitigkeiten gab es zwischen Mutter und Tochter. Feline konnte es nicht ertragen, wenn Paulinchen sich zu sehr näherte. Dann kam es auch schon einmal zu Kämpfen, die aber nie mit Verletzungen endeten

ließen, deutlich erkennbar. Das betraf nicht nur das äußere Erscheinungsbild, wie Körpergröße, Färbung, Gesichtszeichnung bzw. -ausdruck, Form und Stellung der Ohren, sondern auch markante Unterschiede im Wesen und Charakter. Am jeweiligen Verhalten, an der Art des Kontrollierens, des Prüfens einer bestimmten Situation, am zögerlichen oder forschen Herauswagen aus der sicheren Fichtendickung und dem folgenden Herantraben

konnte ich meistens schon auf größere Entfernung erkennen, welcher meiner Freunde sich gerade im Anmarsch befand.

Mit dem Haarwechsel vom Sommer- zum Winterfell trat jedoch eine Veränderung der Grundfärbung ein, die sich aber nicht auf die Gesichtszeichnung auswirkte. Das war besonders auffällig bei Mohrle. Obwohl sein Haarkleid anfangs sehr dunkel und düster war, legte er sich in diesem Herbst ein farbenfrohes, fast buntes Winterfell zu. Trotzdem war er aber, vor allem in der Rücken- und Flankenpartie, immer noch dunkler als Feline oder Paulinchen. Letztere hatte mittlerweile, besonders in der Flankengegend, ein hübsches, silbrig schimmerndes Fell bekommen.

Von Zeit zu Zeit kam es immer mal wieder zu Streitigkeiten unter meinen Füchsen, meistens wenn sie sich beim Abholen ihrer Portionsbröckchen zu sehr auf den Leib rückten. Am friedlichsten ging es dann zwischen Feline und Mohrle zu, sie wendeten sich nur gegenseitig die Hinterteile zu und versuchten sich murrend und winselnd von den vermeintlich besten Bissen abzudrängen. Ab und zu wurde auch schon mal fauchend mit dem Gebiß gedroht.

Die häufigsten Streitigkeiten kamen zwischen Feline und Paulinchen vor. Feline duldete es absolut nicht, wenn Paulinchen

sich ihr - meist unbeabsichtigt - zu sehr näherte. Kam Paulinchen erst dazu, wenn Feline schon anwesend war, blieb sie meist ängstlich am Dickungsrand stehen und schaute nur erwartungsvoll zu mir herüber. Es gelang mir dann meistens, Feline und auch Mohrle nach einer Seite hin abzulenken und dann im geeigneten Augenblick Paulinchen ihren Anteil zuzuwerfen.

Eines Nachmittags im Dezember stritten sich Mohrle und Paulinchen ziemlich heftig. Aufrecht auf den Hinterbeinen stehend und mit den Vorderbeinen gegenseitig an den Schultern abstützend, schrien sie sich zähnefletschend an. Feline, die in einiger Entfernung auf der anderen Seite des Weges stand, kam plötzlich wie eine Furie herangerast und rannte Paulinchen regelrecht über den Haufen. Diese flüchtete schreiend in die nahe Dickung, verfolgt von Feline. Dort hörte ich sie noch streiten und schreien, ich weiß nicht, ob es letztlich meinen energischen Worten zu verdanken war, daß nach einem Weilchen Ruhe einkehrte und Feline wieder herauskam. Mohrle hatte keine Veranlassung gesehen, sich an diesem Streit zu beteiligen, obwohl er allem Anschein nach der Grund dafür war. Es schien so, als ob die beginnende Ranzzeit schon zu Eifersüchteleien unter den beiden Fähen führte.

Der Winter ist hereingebrochen, meine Freunde haben ihr kurzhaariges Sommerkleid abgelegt und schützen sich mit dem dichten Winterpelz gegen die Kälte

Der Winter machte nun seinen Einfluß immer deutlicher geltend. Schon mehrfach hatte es tüchtig geschneit, aber selbst auf den Waldeshöhen verschwand die geschlossene Schneedecke bereits wieder nach einigen Tagen.

Verstummt war der an schönen Spätherbsttagen noch vernehmbare Vogelgesang, nur vereinzelt zogen kleine Trupps von Meisen und Goldhähnchen mit zarten, wispernden Stimmen durch den Nadelwald. Hin und wieder machte mit rauhen Rufen über den Baumkronen ein Kolkrabenpaar auf sich aufmerksam oder das warnende Rätschen eines bunten Eichelhähers ließ einen heranschnürenden Fuchs erwarten.

Bei starken und stürmischen Schneeregenschauern verzogen sich meine Freunde nach Möglichkeit baldigst wieder in die verhältnismäßig Schutz gewährenden Fichtendickungen.

Obwohl bis Ende Dezember noch kaum wesentliche Anzeichen der Ranzzeit bei meinen Füchsen zu erkennen waren, ist bei Feline eine gewisse Unruhe nicht zu übersehen. Während sie normalerweise solange am Ort verweilte, wie ich mich dort aufhielt, trabte sie jetzt öfters bald wieder davon, nachdem sie ihre Bissen verzehrt hatte. Ein andermal sah ich sie mit der Nase tief am Boden mehrmals über den Weg zwischen zwei Dickungen hin und her laufen, scheinbar eine interessante Duftspur verfolgend. Sie ließ sich auch durch meine Zurufe nicht davon ablenken.

Eigenartigerweise konnte ich bis dahin solche Anzeichen weder bei Mohrle noch bei Paulinchen beobachten.

Die Sorgen um meine Schützlinge, die ich in Bezug auf die Jagden des vorhergehenden Winters in den benachbarten Revierteilen hatte, waren in diesem Winter unnötig. Über die bis dahin schon schutzgewährenden Zusagen des Revierförsters hinaus wurde in weiteren angrenzenden Revierteilen die Jagd auf Füchse auf Veranlassung des zuständigen Forstamtsleiters eingestellt. Meine „Aktion Rotfuchs" wurde durch die Forstdienststellen nicht nur wohlwollend geduldet, sondern durch diese Maßnahmen wesentlich unterstützt.

Somit ist zu hoffen, daß ich auch zukünftig den engen Kontakt zu meinen Füchsen aufrecht erhalten und ihre weitere Entwicklung verfolgen kann.

Mit dem zur Neige gehenden Jahr endet nun auch diese Fuchsgeschichte.

Wie so häufig bleiben beim Ausstieg aus einer noch fortdauernden Situation viele Fragen - vorerst? - offen, so auch hier. Das nächste Frühjahr dürfte jedoch bereits einige Antworten bereithalten. Wird Feline wieder Mutter und Mohrle dann auch wieder der Vater? Was wird mit Paulinchen, wird auch sie schon Junge zur Welt bringen? Werden eines Tages Rabautz, Felix oder gar Ermelyne wieder mal im Revier erscheinen? Und wie werden sie sich in diesem Falle mir gegenüber verhalten?

Im Verlauf der Jahreszeiten lernte ich diese Mitglieder einer Fuchsfamilie näher kennen und freundete mich regelrecht mit ihnen an. Sie gestatteten mir recht interessante Einblicke in die Lebensgeschichte und Gewohnheiten dieser Familie beziehungsweise der Sippe Rotfuchs überhaupt. Auf diese Weise lernte ich auch ihre unterschiedlichen Eigenheiten und Wesensmerkmale kennen, und so wuchs jeder einzelne Fuchs für mich zu einer individuellen „Persönlichkeit" heran.

Häufig wurde ich an den im Volksmund so sprichwörtlich „schlauen Fuchs" erinnert, wenn sie mir ihr Anpassungsvermögen an die unterschiedlichsten Bedingungen und Veränderungen in ihrer Umwelt demonstrierten oder ihre bemerkenswerte Lernfähigkeit unter Beweis stellten, und ebenso versetzten mich oft genug ihre hervorragenden Sinnesleistungen in Erstaunen und Bewunderung.

Eine Fuchsgeschichte geht so zu Ende - meine Freundschaft zu den Füchsen wird aber hoffentlich noch lange andauern.